高等学校外国语言文学类专业 "理解当代中国" 系列教材

俄语系列教材

ЗНАКОМСТВО С
**СОВРЕМЕННЫМ
КИТАЕМ**

理解当代中国

俄语读写教程

Чтение и письмо

总主编 刘 宏

主 编 田秀坤

副主编 杨 可

编 者 王 钢 李瑞莲 费俊慧

外语教学与研究出版社
北京

图书在版编目（CIP）数据

高等学校外国语言文学类专业"理解当代中国"系列教材．俄语系列教材．俄语读写教程 / 刘宏总主编；田秀坤主编；杨可副主编；王钢，李瑞莲，费俊慧编．-- 北京：外语教学与研究出版社，2022.7（2022.8 重印）
ISBN 978-7-5213-3800-3

Ⅰ．①高… Ⅱ．①刘… ②田… ③杨… ④王… ⑤李… ⑥费… Ⅲ．①俄语－阅读教学－高等学校－教材②俄语－写作－高等学校－教材 Ⅳ．①H3

中国版本图书馆 CIP 数据核字（2022）第 123888 号

出 版 人　王　芳
策划编辑　崔　岚　周朝虹
责任编辑　秦睿梓
责任校对　叶晓奕
封面设计　黄　浩　彩奇风
版式设计　袁　凌
出版发行　外语教学与研究出版社
社　　址　北京市西三环北路 19 号（100089）
网　　址　http://www.fltrp.com
印　　刷　北京盛通印刷股份有限公司
开　　本　787×1092　1/16
印　　张　12.5
版　　次　2022 年 7 月第 1 版 2022 年 8 月第 2 次印刷
书　　号　ISBN 978-7-5213-3800-3
定　　价　70.00 元

购书咨询：（010）88819926　电子邮箱：club@fltrp.com
外研书店：https://waiyants.tmall.com
凡印刷、装订质量问题，请联系我社印制部
联系电话：（010）61207896　电子邮箱：zhijian@fltrp.com
凡侵权、盗版书籍线索，请联系我社法律事务部
举报电话：（010）88817519　电子邮箱：banquan@fltrp.com
物料号：338000001

"理解当代中国"系列教材
编委会

主　任：

孙有中

副主任：

于　漫	王　丹	文　铮	孔德明	刘　利	刘　宏	张洪仪
陈　英	郑立华	修　刚	姜亚军	徐亦行	董洪川	

成　员：

王淑艳	牛林杰	叶良英	田秀坤	朱鹏霄	任　文	刘云虹
许　宏	杜　颖	杨晓敏	李　媛	李长栓	李丽秋	李婧敬
肖　凌	吴中伟	宋协毅	张　威	张　鹏	张世胜	张敏芬
张维琪	陈穗湘	金利民	周异夫	赵　雷	查明建	侯宇翔
姜　锋	徐　辉	高　方	郭风岚	黄　玫	黄东晶	曹羽菲
常福良	傅　荣	谢　詠	雷　佳	綦甲福	蔡美花	臧　宇
魏启荣						

总 序

当今世界正面临百年未有之大变局，当代中国正处于近代以来最好的发展时期，实现中华民族伟大复兴进入了不可逆转的历史进程。当前，我国开启全面建设社会主义现代化国家、向第二个百年奋斗目标进军的新征程。全球发展倡议和全球安全倡议，有力引领国际秩序发展正确方向；"一带一路"建设和构建人类命运共同体的中国理念与中国行动，为世界变局下的全球治理注入了中国能量。与此同时，世界各种思想文化交流交融交锋更加频繁，国际舆论斗争和软实力较量更加激烈，国家对有家国情怀、有全球视野，能够讲好中国故事、参与全球竞争的高素质国际化外语人才的需求，从未像今天这样迫切。中国高等外语教育如何积极应变，创新知识体系、课程体系与教材体系，造就一批又一批堪当民族复兴大任的时代新人，服务国家战略需求，助力中国更好走向世界、世界更好了解中国？这是中国高等外语教育界必须应答的时代之问。

一、讲好中国故事是新时代中国高等外语教育的新使命

从近代外语教育培养能读"西书"、译"西学"、学"西洋"的人才，探索抵御列强之道，到革命战争时期培养军事翻译人才，服务对敌斗争之需；从新中国成立后培养多语种外交外事人才，打开我国对外工作新局面，到改革开放以来为经济建设、对外交往和社会发展铺路架桥，再到新世纪培养高素质复合型外语人才，服务国家全球发展和海外合作，中国外语教育始终与民族命运休戚与共，始终把使命担当书写在党和人民的事业之中。历史充分证明，外语教育只有与时俱进，方能服务时代之需，发出时代之声，回应时代之问，培养时代新人。

长期以来，中国高等外语教育关注的是把世界介绍给中国，而进入新时代，中国高等外语教育在继续履行把世界介绍给中国的使命的同时，必须肩负起把中国介绍给世界的新使命。

党的十八大以来，习近平总书记在多种场合发表重要讲话，作出重要批示，为面向未来的中国高等外语教育指明了发展方向，提供了根本遵循。2016年9月，习近平总书记在主持中央政治局集体学习时指出，参与全球治理需要一大批熟悉党和国家方针政策、了解我国国情、具有全球视野、熟练运用外语、通晓国际规则、精通国际谈判的专业人才。2021年5月，习近平总书记在主持中央政治局集体学习时又强调，要讲好中国故事，传播好中国声音，展示真实、立体、全面的中国，下大气力加强国际传播能力建设，形成同我国综合国力和国

际地位相匹配的国际话语权，为我国改革发展稳定营造有利外部舆论环境，为推动构建人类命运共同体作出积极贡献。2021年9月，习近平总书记在中央人才工作会议上强调，要培养造就一批善于传播中华优秀文化的人才，发出中国声音、讲好中国故事，不断提高国际传播影响力、中华文化感召力、中国形象亲和力、中国话语说服力和国际舆论引导力。也是在2021年9月，习近平总书记给北京外国语大学老教授亲切回信，对全国高校外语人才培养提出殷切期许，强调要努力培养更多有家国情怀、有全球视野、有专业本领的复合型人才，在推动中国更好走向世界、世界更好了解中国上作出新的贡献。

新时代中国高等外语教育必须主动服务国家参与全球治理和民族复兴的伟大事业，站在构建中国对外话语体系、提升中国软实力的政治高度，大胆创新知识体系、课程体系与教材体系，努力培养更多国家急需的高层次翻译人才特别是时政翻译人才、国际传播人才、全球治理人才和各行各业参与全球竞争的优秀外语人才，把中华优秀文化、当代中国发展成就和中国共产党治国理政思想介绍给世界，为全球治理提供中国方案，贡献中国智慧，营造有利国际舆论环境，提高我国国际话语权和国家软实力。一句话，当代中国高等外语教育必须大力培养理解当代中国、讲好中国故事的时代新人。

二、《习近平谈治国理政》多语种版本是理解当代中国、讲好中国故事的权威读本

中国文化博大精深，中国故事源远流长。从秦皇汉武到唐宗宋祖，从丝绸之路到郑和下西洋，从四书五经到四大发明，传统中国的故事无疑必须继续讲、创新讲。当前，攸关民族复兴大业的迫切任务，则是要讲好当代中国的故事。讲好当代中国的故事，就必须理解当代中国。

当代中国丰富多彩、气象万千，纵向贯通党史、新中国史、改革开放史、社会主义发展史，横向涵盖政治、经济、社会、文化、教育、国防、外交等方方面面。这显然是多门思政课程才能覆盖的内容。我们认为，对于高校外语类专业而言，在有限的学制学时里，在外语学习的过程中，理解当代中国的最佳选择就是《习近平谈治国理政》多语种版本。

《习近平谈治国理政》是习近平新时代中国特色社会主义思想的重要载体，生动记录了以习近平同志为核心的党中央团结带领全党全军全国各族人民在新时代坚持和发展中国特色社会主义的伟大实践，全面呈现了习近平新时代中国特色社会主义思想的发展逻辑与理论体系，深刻阐释了中国共产党擘画民族复兴大业的宏图伟略和为推动构建人类命运共同体、促进人类和平发展事业贡献的中国智慧和中国方案。通过《习近平谈治国理政》深入学习领会习近平新时代中国特色社会主义思想，就能更好把握中国实践的理论结晶、中国之治的经验秘籍、民族复兴的根本指南，就能更好理解中国话语体系的基本逻辑、中国故事的叙述框架。

作为中国话语体系的集中体现和融通中外的译文范本，《习近平谈治国理政》多语种版本进入高校外语类专业，有助于师生学习掌握中外权威翻译专家团队的集体智慧，从中汲取翻译技巧、领会话语策略、提高外语应用能力和跨文化沟通能力；有助于外语类专业重构知识体系与课程体系，促进外语类专业新文科建设，深入开展课程思政，落实立德树人根本任务，培养有家国情怀、有全球视野、有专业本领，堪当民族复兴大任的高素质外语人才；有助于推广中国话语的外译标准，构建中国特色话语体系，提高国家语言能力，夯实国家软实力基础，推动中国更好走向世界，世界更好了解中国。

三、"理解当代中国"系列教材是推动习近平新时代中国特色社会主义思想系统融入外语类专业课程体系的有效途径

高等学校外国语言文学类专业"理解当代中国"系列教材（以下简称"本系列教材"）涵盖英语、俄语、德语、法语、西班牙语、阿拉伯语、日语、意大利语、葡萄牙语、韩国语等10个外语语种。各语种本科阶段包括《外语读写教程》《外语演讲教程》《汉外翻译教程》共三册；研究生阶段为《高级汉外翻译教程》，其中英语系列研究生阶段分为《高级汉英笔译教程》和《高级汉英口译教程》。全套教材共41册。*

本系列教材旨在将习近平新时代中国特色社会主义思想系统融入外语类专业听说读写译等核心课程，帮助学生夯实外语基本功，在提高读写、演讲与翻译能力的同时，掌握中国特色话语体系，提高用外语讲好中国故事、用中国理论解读中国实践的能力，成为有家国情怀、有全球视野、有专业本领的高素质国际化外语人才，落实好育人育才根本任务。

本系列教材围绕党的十九届六中全会审议通过的《中共中央关于党的百年奋斗重大成就和历史经验的决议》（以下简称《决议》）中"十个明确"，对习近平新时代中国特色社会主义思想的核心内容进行了系统概括，聚焦"十个明确"重要思想内容。本系列教材主课文全部选自《习近平谈治国理政》《决议》以及习近平总书记《在庆祝中国共产党成立100周年大会上的讲话》（以下简称

---

* "理解当代中国"系列教材还包括国际中文系列，主要面向来华留学生群体。国际中文系列包括《高级中文读写教程》《高级中文听说教程》两个分册。

《讲话》）等权威文献，并在课堂活动设计与课外延伸阅读等环节辅之以大量生动的事例和数据，坚持中国立场与全球视角相融合、宏大叙事与个案解析相配合、理论思辨与实践观照相结合，引导学生认识真实、立体、全面的当代中国，系统领悟习近平新时代中国特色社会主义思想的原创性、历史性、世界性贡献，为讲好中国故事做好知识准备，打下坚实基础。

为帮助学生有效理解当代中国，用外语讲好中国故事，本系列教材遵循如下编写理念：

课程思政：将价值塑造、知识传授和能力培养融为一体，帮助学生读原著悟原理，将习近平新时代中国特色社会主义思想内化于心、外化于言，坚定"四个自信"，进一步增进对中国共产党领导和中国特色社会主义的政治认同、思想认同、理论认同、情感认同。

融合学习：实施内容与语言融合式外语教学理念，帮助学生在使用外语进行知识探究的过程中不断提高外语能力，在开展听说读写译语言活动的过程中，不断加深对习近平新时代中国特色社会主义思想的理解，最大限度地提高外语学习效能。

能力导向：实施跨文化思辨外语教学理念，帮助学生从跨文化视角分析中国实践，探究中国理论，通过启发式、讨论式、体验式、项目式和线上线下混合式等多种教学形式，提升语言运用能力、跨文化能力、思辨能力、研究能力、合作能力等多元能力。

潮平两岸阔，风正一帆悬。新时代的中国高等外语教育迎来了创新发展的大好机遇。希望本系列教材能够助力全国高校外语类专业与时俱进，更新知识体系和课程体系，不负光荣历史，不负美好时代，为培养堪当民族复兴大任的高素质国际化外语人才作出更大贡献。

在此，谨以习近平总书记的寄语与广大外语学子共勉："用脚步丈量祖国大地，用眼睛发现中国精神，用耳朵倾听人民呼声，用内心感应时代脉搏，把对祖国血浓于水、与人民同呼吸共命运的情感贯穿学业全过程、融汇在事业追求中。"*

"理解当代中国"系列教材编委会
2022年6月

---

* 习近平在中国人民大学考察时强调 坚持党的领导传承红色基因扎根中国大地 走出一条建设中国特色世界一流大学新路，《人民日报》2022年4月26日，第1版。

前 言

一、教材定位

高等学校外国语言文学类专业"理解当代中国"系列教材俄语系列教材（以下简称"俄语系列教材"）共4册，其中《俄语读写教程》《俄语演讲教程》和《汉俄翻译教程》面向普通高等学校本科俄语专业学生，《高级汉俄翻译教程》面向俄语翻译硕士专业学位研究生和俄语语言文学学术学位硕士研究生。

俄语系列教材旨在将习近平新时代中国特色社会主义思想的学习与俄语读写、演讲和翻译能力的培养有机融合，引导学生系统学习、深入领会习近平新时代中国特色社会主义思想的核心要义，学会用中国理论观察和分析当代中国的发展与成就，从跨文化视角阐释中国道路和中国智慧，坚定"四个自信"；帮助学生在内容学习的过程中进一步夯实俄语基本功，提高俄语听说读写译能力，重点掌握政治话语特别是中国时政文献的语篇特点与规律，培养时政文献阅读与翻译能力、时政话题公共演讲能力，提高思辨能力、跨文化能力和国际传播能力，成为有家国情怀、有全球视野、有专业本领的社会主义建设者和接班人。

二、教材特色

教材突破了技能教材和知识教材的传统分野，将语言学习与知识探究有机融为一体，具有鲜明的特色。

1.《俄语读写教程》

本教材可供高校俄语专业本科第5—7学期开设的高级俄语综合课或高级俄语阅读课程使用，也可供独立开设的俄语读写课程使用。

理解先行，思辨跟进：引导学生细读习近平新时代中国特色社会主义思想的10个重要方面的相关选篇，在全面、准确理解原文思想内涵的基础上，进行分析、应用、评价和创造等高阶思维活动。

理论贯通，实践导向：引导学生通过课文学习和延展阅读，把握习近平新时代中国特色社会主义思想的核心要义和内在逻辑，并运用该理论体系解释中国实践，加深对中国理论和中国实践的认识，培养理论思维和分析问题、解决问题的能力。

立足中国，放眼世界：通过"拓展阅读"与"讲好中国故事"特色活动板块，引导学生关注国内、国际视角下对中国发展道路的多元评价，让学生从多元视角理解中国理论和中国实践，拓展国际视野，培养家国情怀和跨文化思辨意识，提高用俄语讲好中国故事的能力。

自主学习，合作探究：贯彻"学习中心、产出导向"的教学理念，注重指导学生独立预习课文，独立检索相关文献，进行拓展阅读。通过课内课外、线上线下多样化的小组学习活动，引导学生在独立思考和独立研究的基础上进行合作探究，不断提高思辨能力、研究能力、创新能力和合作能力等多元能力。

读写结合，显隐得当：以读促写，以写促读，实现阅读能力和写作能力的同步提高。让学生在运用语言的过程中循序渐进提高语言质量（隐性语言学习），同时通过各单元系统设计的词、句、篇语言练习进一步夯实语言基本功（显性语言学习）。

2.《俄语演讲教程》

本教材可供高校俄语专业本科第5—7学期开设的高级口语课程或演讲课程使用。

细读原著，理解中国：引导学生通过深入阅读习近平新时代中国特色社会主义思想的10个重要方面的关键选篇，掌握其基本观点和内在逻辑，理解中国理论与中国实践。倡导语言与内容融合发展的教学理念，通过课堂热身活动提供丰富的案例、数据，设置形式多样的教学活动，加深学生对中国理论和中国实践的理解和认识。

产出导向，讲述中国：以任务为导向，通过主题内容学习、演讲策略讲授、演讲微技能训练和模拟情境演讲等教学活动，搭建脚手架帮助学生完成具有挑战性的口头产出任务。注重培养学生的跨文化思辨意识，提高其用俄语讲好中国故事的能力。

合作探究，融合发展：贯彻"学习中心"的教学理念，注重指导学生在课前检索相关文献，查找中国治理实例，理解和阐释课文内容。通过课内课外、线上线下多样化的小组学习活动，引导学生在研讨与合作探究中提升俄语表达和沟通能力，促进其演讲能力、思辨能力、研究能力和创新能力的融合发展。

3.《汉俄翻译教程》

本教材可供高校俄语专业本科第6—8学期开设的汉俄翻译课程使用。

教师主导，学生主体：以习近平新时代中国特色社会主义思想的10个重要方面的相关选篇为主要翻译材料，以教师讲解原文思想与翻译方法为基础，引导学生训练翻译技能、总结翻译经验、掌握翻译方法；将教师阐释与学生学习、体验相结合，帮助学生掌握习近平新时代中国特色社会主义思想的核心要义，认识中国时政文献翻译的特点与方法。

突出基础，强化对比：重视汉语与俄语的知识学习，关注中国时政文献的语言特色以及中俄话语构造的差异。

以我为主，融通中外：坚持以中国时政文献原文思想内涵为根本，兼顾俄语读者理解与接受，灵活应用多样化翻译方法。

实践为本，反思为要：将翻译实践感悟与理论阐释相结合，引导学生系统总结与理性分析中国时政文献的翻译原则与方法，认识翻译在国际传播中的重要作用。

4.《高级汉俄翻译教程》

本教材可供高校俄语翻译硕士专业学位研究生和俄语语言文学学术学位硕士研究生汉俄笔译课程使用。

理论为纲，实践为本：以习近平新时代中国特色社会主义思想的10个重要方面为框架构建单元逻辑和课程知识结构。引导学生通过核心概念、关键语句、课前试译、译文评析、点评练习和课后练习六大板块的学习，把握习近平新时代中国特色社会主义思想的核心要义和内在逻辑，并运用该理论体系解释中国实践，加深对中国理论和中国实践的认识，培养理论思维和分析问题、解决问题的能力。

融会贯通，重在能力：以深耕汉语表达为基础，引导学生在翻译原则的指导下，通过大量实践不断提高汉俄翻译能力。引导学生关注中国时政文献的特点和基本翻译原则、原则背后的决策考量和常见问题的处理方法。通过反复实践，引导学生举一反三、融会贯通，不断提升翻译实操能力。

宏观着眼，微观入手：引导学生遵循"以大见小、以小见大"的翻译程序。先从语篇角度出发，把握文本产生的宏观背景、目的要义、内部逻辑以及整体的风格语域等特点；再从句段入手，处理好局部与细节，解决好重点难点问题，做到局部照应整体，使译文与全文的宗旨要义、风格语域等前后贯通，协调一致。

启发延展，学思并举：通过课后研讨和翻译实践，引导学生通过自主学习、合作探究、互评互学相结合的方式开展拓展练习和过程反思。鼓励学生拓展批判性思维，认识到艺无止境、译无止境；正确认识翻译理论与实践之间的关系，同步提升理论素养与实践技能。

三、教学资源

教学资源是保障教材有效使用的必要支撑。俄语系列教材在理论高度、知识深度和教学方法等方面对教师均有较大的挑战性。为支持教学工作顺利开展，俄语系列教材各册均配有教师用书，提供各单元重难点解析、练习答案、教学建议、补充练习等材料。此外还建设了教学资源平台，提供习近平新时代中国特色社会主义思想的系列视频讲座，各册配套优秀教案、示范教学视频，以及形式多样的当代中国主题延伸学习文本和音视频资源，供教师备课参考和学生课外学习使用。

四、译文说明

俄语系列教材关于习近平新时代中国特色社会主义思想的语篇、段落和句子大多选自《习近平谈治国理政》第一卷、第二卷、第三卷。为保证术语翻译的规范性，关键术语的译法如在不同卷册有差异，一律以第三卷为准。部分材料选自《决议》和《讲话》，为体现术语翻译的发展，本系列教材也选用了部分《决议》和《讲话》中的术语译法。

五、分工与致谢

俄语系列教材的编写团队由大连外国语大学、北京外国语大学、上海外国语大学、黑龙江大学、南京大学、广东外语外贸大学、首都师范大学的资深教授和骨干教师组成。

北京外国语大学李英男教授、北京大学宁琦教授、黑龙江大学孙淑芳教授、北京外国语大学史铁强教授、天津外国语大学王铭玉教授、北京师范大学刘娟教授、战略支援部队信息工程大学王松亭教授担任教材顾问，并参加4册教材样章的审定。北京外国语大学李英男教授担任《俄语读写教程》《俄语演讲教程》《汉俄翻译教程》和《高级汉俄翻译教程》4册教材的审定人；北京外国语大学史铁强教授担任《俄语读写教程》和《汉俄翻译教程》两册教材的审定人；黑龙江大学赵为教授担任《俄语演讲教程》和《高级汉俄翻译教程》两册教材的审定人。

为保障教材编写的科学性与适用性，编写组邀请北京大学、北京师范大学、北京外国语大学、大连外国语大学、东北师范大学、广东外语外贸大学、黑龙江大学、湖南师范大学、吉林大学、南京大学、宁夏大学、厦门大学、山东大学、上海外国语大学、首都师范大学、四川外国语大学、天津外国语大学、西安外国语大学、浙江大学、浙江外国语学院等20所不同地区不同类型的高校进行教学试用。教育部高等学校外国语言文学类专业教学指导委员会俄语专业教学指导分委员会全体成员、马克思主义理论专家对俄语系列教材进行了专业评审，提出了宝贵的修改意见。为增强教材内容的多样性与丰富性，我们在编写过程中选用了中央党史和文献研究院、中国外文局、人民出版社、人民网、新华网等相关单位的素材。谨向上述单位的倾力支持与帮助致以最诚挚的谢意！

感谢编写组所有成员的辛勤努力与付出！感谢全体专家的真知灼见为系列教材的完善提供重要参考。尽管在编写过程中力求完美，但仍有疏漏和不足之处，恳请专家、学者及广大读者批评指正。

俄语系列教材编写组

2022年6月

编写说明

一、教材设计

本教材共10个单元。各单元课文选自《习近平谈治国理政》第一卷、第二卷、第三卷和《讲话》的俄文版。每单元探讨习近平新时代中国特色社会主义思想一个或多个重要方面，包括：1）中国特色社会主义最本质的特征和中国特色社会主义制度的最大优势；2）坚持和发展中国特色社会主义总任务；3）坚持以人民为中心的发展思想；4）中国特色社会主义事业总体布局和战略布局；5）全面深化改革总目标；6）全面推进依法治国总目标；7）必须坚持和完善社会主义基本经济制度；8）党在新时代的强军目标；9）中国特色大国外交；10）全面从严治党的战略方针。

单元结构如下：

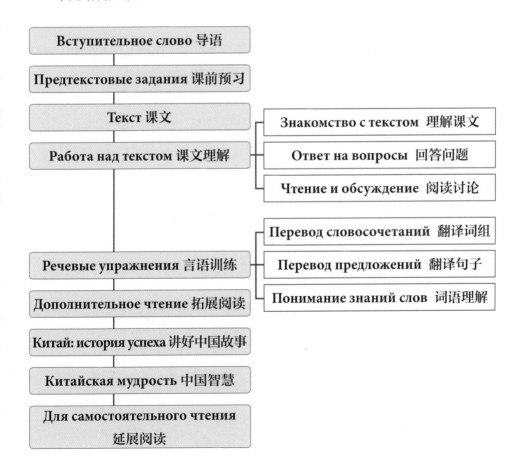

Предтекстовые задания（课前预习） 设计了与单元主题相关的问题，要求学生在课前基于课文主题进行预习，检索相关文献，为课上分析理解课文做好准备。

Работа над текстом（课文理解） 包括"理解课文""回答问题"和"阅读讨论"三个部分，旨在帮助学生准确理解课文的思想要义和精髓，并通过思辨性问题的讨论加深对单元主题的思考，提高思辨能力。

Речевые упражнения（言语训练） 包括"翻译词组""翻译句子"和"词语理解"三个部分，旨在帮助学生掌握与单元主题相关的重点词汇和中国特色政治术语，让学生在加深理解《习近平谈治国理政》原文思想内容的同时，提高中国特色话语能力。

Дополнительное чтение（拓展阅读） 旨在引导学生从国内国际视角了解对中国发展道路的多元评价，让学生从多元视角理解中国理论和中国实践，拓展国际视野，坚定中国自信。

Китай: история успеха（讲好中国故事） 让学生综合运用本单元提供的课文和多种资源，就与单元主题相关的话题向国际受众分享中国改革与发展的经验，提高写作和跨文化沟通能力。

Китайская мудрость（中国智慧） 提供与本单元主题相关并蕴含中国智慧的名言警句，供学生品味和反思，增强文化自信，提高人文素养。

Для самостоятельного чтения（延展阅读） 为学生提供针对单元主题进一步阅读和研究的《习近平谈治国理政》中的相关文献，供学生课外探索。

二、教学建议

本教材共10个单元，建议每单元安排4学时。教师可根据本校每学期实际教学课时，确定教学任务，剩余单元和内容可以安排指导性自主学习。

每单元学习内容和学时分配建议如下：

学习内容	学时分配	教学形式
导语 / 课前预习	0.5	自主学习、课堂提问
课文讲解	1.5	教师讲解、课堂提问
课文理解	0.5	小组讨论、教师提问及点评
言语训练	0.5	小组合作学习、教师点评

学习内容	学时分配	教学形式
拓展阅读	0.5	自主学习、课堂提问
讲好中国故事	0.5	分组讨论与讲述、教师点评
中国智慧	—	自主学习、教师点评
延展阅读	—	自主学习
合计	4	

给教师的建议：

1．提高理论素养

本教材遵循价值塑造、知识传授和能力培养三位一体的课程思政理念。为了有效开展教学，教师应率先阅读原著，学习领会习近平新时代中国特色社会主义思想的核心要义和内在逻辑，全面提高自身的政治理论素养，坚定"四个自信"，学会用中国理论解读中国实践。

2．融合语言内容

本教材不是专门的思政知识课本，也不是纯粹的阅读或写作课本。教师在授课中应遵循语言与内容融合学习的教学理念，引导学生用俄语进行知识探究，在学习领会习近平新时代中国特色社会主义思想和阐释中国实践的过程中，通过阅读、讨论、讲述、写作和报告等大量的语言实践，不断提高俄语运用能力。在低年级阅读和写作专门训练的基础上进一步提高俄语综合运用能力。每单元的语言练习素材均选自《习近平谈治国理政》，聚焦有中国特色的时政俄语词句篇语言点，供学生课外自主完成，教师在课堂上可根据学生情况针对重点难点指导学习。

3．理解当代中国

本教材的核心目标之一是帮助学生理解当代中国。教师在授课中应引导学生细读课文原著，必要时进行拓展阅读和研究，鼓励和帮助学生运用习近平新时代中国特色社会主义思想的基本观点和方法，在全球大背景下深入分析当代中国丰富多彩的改革开放实践和建设成就，成为担当民族复兴大任的时代新人。

4．讲好中国故事

本教材的最终目标是要提高俄语专业学生向国际受众讲好中国故事的能力。教师可充分利用每单元的"拓展阅读"板块，培养学生的家国情怀，开阔学生的国际视野，提高跨文化能力和批判性思维意识。在此基础上，教师可结合"讲好中国故事"板块设计的话题，指导学生开展研究和小组讨论，完成写作或口头报告，不断提高融通中外的跨文化传播能力。

给学生的建议：

1．掌握中国话语

俄语专业学生只有切实掌握了中国特色社会主义话语体系的俄文表达，才能真正肩负起向国际社会讲好中国故事、传播好中国声音的历史使命。同学们有必要认识到，并非身为中国人就能自然理解当代中国，也并非理解了当代中国就能自然用俄语阐释中国理论和解读中国实践。建议同学们在本课程学习过程中，高度关注中国时政文献的语篇特点，细心品味中国时政术语的俄文表达及其国际传播效果，不断提高时政话题的阅读与写作能力。

2．学会自主学习

本教材知识内容和语言活动量大面广，课堂教学活动无法涵盖所有内容。希望同学们养成自主学习的良好习惯，在课外自主完成导语、课前预习、拓展阅读、中国智慧、延展阅读等板块的学习任务，从而实现课堂学习效果的最大化，不断提高自主学习和终身学习的能力。

3．培养多元能力

培养多元能力是高等教育应对21世纪职场挑战的根本解决办法。同学们应积极利用本教材设计的各种跨文化、跨学科的学习方法，通过思辨性、合作性、探究性的学习活动，突破自己的思维框架和认知局限，不断提高跨文化能力、思辨能力、研究能力、创新能力、合作能力，促进自身的全面发展。

三、分工与致谢

本教材是全体编者精诚合作的结晶。总主编刘宏和主编田秀坤负责全书的编写理念、基本原则、整体框架和单元结构，以及全书内容统筹、审校与定稿，撰写前言和使用说明。各单元编写分工：王钢负责编写第一、五单元，田秀坤负责编写第二、八单元，李瑞莲负责编写第三、四单元，杨可负责编写第六、九单元，费俊慧负责编写第七、十单元。

在编写过程中，我们吸取了教育部高等学校外国语言文学类专业教学指导委员会俄语专业教学指导分委员会全体成员，大连外国语大学外教亚历山大·鲍奇卡廖夫（Александр Бочкарёв）副教授，以及外语教学与研究出版社编辑团队的宝贵意见，《英语读写教程》主编孙有中教授及其团队为本书的编写提供了框架和内容参考。初稿完成后，试用院校师生提出了许多中肯的建议，在此对上述所有人表示诚挚的感谢。

因时间仓促和编者能力所限，书中难免有错漏之处，我们诚恳希望使用本书的老师和同学给我们提出宝贵意见，以便再版改进。

编　者
2022年6月

ОГЛАВЛЕНИЕ

Китай: история успеха
1. Найдите информацию о достижениях китайских молодых людей в одной из сфер общественной жизни и напишите по этой теме сочинение. 2. Подготовьте 5-8-минутную групповую презентацию с вышеупомянутой информацией. стр. 16
1. Найдите информацию об успехах Китая в области охраны окружающей среды и напишите по этой теме сочинение. 2. Подготовьте 5-8-минутную групповую презентацию с конкретным опытом по защите экологической среды. стр. 34
1. Найдите информацию об опыте Китая в сфере скоординированного регионального экономического развития и напишите по этой теме сочинение. 2. Подготовьте 5-8-минутную групповую презентацию с конкретными мерами по формированию региональных центров экономического развития. стр. 54
1. Найдите информацию о том, что китайский народ стал хозяином страны на разных уровнях и напишите по этой теме сочинение. 2. Подготовьте 5-8-минутную групповую презентацию с примерами, связанными с найденной вами информацией. стр. 72
1. Найдите информацию об опыте Китая в строительстве социалистического правового государства и напишите по этой теме сочинение. 2. Подготовьте 5-8-минутную групповую презентацию с предложением конкретных мер по строительству правового государства. стр. 88

Китай: история успеха
1. Выберите один из 14 пунктов основной стратегии отстаивания и развития социализма с китайской спецификой в новую эпоху, найдите соответствующую информацию и напишите по этой теме сочинение. 2. Подготовьте 5-8-минутную групповую презентацию материалов, связанных с выбранной вами темой. стр. 104
1. Выберите одно из выдвинутых в тексте 6 требований, найдите соответствующую информацию и напишите по этой теме сочинение. 2. Подготовьте 5-8-минутную групповую презентацию материалов, связанных с выбранной вами темой. стр. 120
1. Найдите информацию об опыте Китая в создании сообщества единой судьбы человечества и взаимодействия между цивилизациями, напишите по этой теме сочинение. 2. Подготовьте 5-8-минутную групповую презентацию с конкретным опытом по взаимодействию между цивилизациями. стр. 138
1. Возьмите интервью у учащихся в вашем университете иностранцев, выясните, что они знают о концепции сообщества единой судьбы человечества. Напишите по этой теме сочинение. 2. Подготовьте 5-8-минутную групповую презентацию на основе взятого вами интервью. стр. 156
1. Выберите одну из таких тем, как пилотируемые космические полёты, высокоскоростные железнодорожные перевозки, мобильная связь формата 5G, найдите соответствующую информацию и напишите по этой теме сочинение. 2. Подготовьте 5-8-минутную групповую презентацию материалов, связанных с выбранной вами темой. стр. 174

1
Урок

Миссия китайской молодёжи

Социалистический путь с китайской спецификой – неизбежный путь к осуществлению в нашей стране социалистической модернизации и создания прекрасной жизни для народа.

Си Цзиньпин, выступление на 1-м коллективном семинаре Политбюро ЦК КПК 18-го созыва, 17 ноября 2012 г.

Социализм с китайской спецификой – это теория и практика, которые отвечают особенностям Китая, его реалиям и идут в ногу с требованиями развития эпохи, поэтому они оказались успешными и принесут нам успех и в дальнейшем.

Си Цзиньпин, выступление на собрании, посвящённом 110-летнему юбилею тов. Дэн Сяопина, 20 августа 2014 г.

Вступительное слово

4 мая 1919 г. тысячи студентов со всего Пекина вышли на улицы, чтобы выразить протест против несправедливых решений Парижской мирной конференции по отношению к Китаю, в частности, против передачи немецких концессий в провинции Шаньдун во владение Японии. Небывалая волна протестов вышла за пределы Пекина и прокатилась по всей стране, что заставило китайских представителей отказаться от подписания Версальского договора.

«Движение 4 мая» было поворотным моментом в новейшей истории Китая. В нём в концентрированном виде отразилась борьба китайского народа против загнивающего феодального правительства милитаристов, капитулировавшего перед иностранными империалистами. «Движение 4 мая» представляло собой патриотическое и революционное движение, начатое молодёжью в борьбе за национальное возрождение и получившее энергичную поддержку со стороны самых широких слоёв китайского народа.

В «Движении 4 мая» сформировался дух «4 мая», основное содержание которого сводится к патриотизму, прогрессу, демократии и науке. Оно положило начало новодемократической революции, способствовало распространению марксизма в Китае, стимулировало создание КПК. За время, прошедшее с начала «Движения 4 мая», поколение за поколением целеустремлённой молодёжи под руководством Коммунистической партии Китая «своей молодостью строило молодые семьи, молодую страну, молодую нацию, молодое человечество, молодой Земной шар, молодой космос». Спасая Родину от гибели и возрождая Китай, они создали невероятно трогательную симфонию молодости.

Текст, предлагаемый в этом уроке, представляет собой отрывок из выступления председателя Си Цзиньпина на конференции, посвящённой столетней годовщине «Движения 4 мая» (30 апреля 2019 г.).

Предтекстовые задания

Барельеф «Движение 4 мая» на Памятнике народным героям на площади Тяньаньмэнь, Пекин

1 **Подумайте и ответьте на следующие вопросы.**

1. В чём заключается эпохальная миссия китайской молодёжи в новую эпоху?

2. Как понимаете «именно молодёжь является самой активной и главной жизненной и движущей силой общества, надежды государства возложены на молодёжь, будущее нации также зависит от молодёжи»?

3. Подумайте и побеседуйте, как студенты новой эпохи, что вы должны делать, чтобы развивать дух «Движения 4 мая», полностью реализовать возможности, которые несёт вам новая великая эпоха.

Необходимо развивать дух «Движения 4 мая», полностью реализовать возможности, которые несёт нам новая великая эпоха

<...>

Именно молодёжь является самой активной и главной жизненной и движущей силой общества, надежды государства возложены на молодёжь, будущее нации также зависит от молодёжи. Сегодня китайская молодёжь новой эпохи находится в наилучшем периоде развития китайской нации. С одной стороны, перед ней открываются уникальные возможности для совершения великих дел, а с другой, стоит эпохальная миссия, как говорится, «сами небеса возлагают на тебя огромную ответственность». Китайская молодёжь новой эпохи должна продолжать развивать дух «Движения 4 мая», рассматривать осуществление великого возрождения китайской нации как личную ответственность, оправдать надежды партии, ожидания народа и выполнить важное поручение нации, реализовать возможности, которые несёт нам эта великая эпоха.

Во-первых, китайская молодёжь новой эпохи должна ставить перед собой самые высокие идеалы. Идеалы и убеждения молодёжи напрямую влияют на будущее государства. Молодёжь с высокими идеалами и твёрдыми убеждениями является непобедимой движущей силой продвижения вперёд государства и нации. Молодёжь с возвышенными стремлениями может активизировать свой потенциал для смелой борьбы и движения вперёд, благодаря чему молодые годы не будут безвольно утекать в никуда. Что называется, «если человек ставит перед собой цель быть мудрецом, то он определит направление жизни, беря пример именно с известных мудрецов; если человек ставит перед собой цель стать благородным человеком, то он определит направление жизни, беря пример с благородных людей». Цели молодых людей разнятся, различается и выбор профессий, но лишь когда личность интегрируется с Родиной и народом, идёт шаг в шаг с эпохой и разделяет общую судьбу народа, возможно наилучшим образом реализовать ценность человеческой жизни и расширить её пределы. Если молодёжь отделяет себя от интересов Родины и народа, погружаясь в эгоизм, её жизненное пространство будет всё сужаться и сужаться.

<...>

Во-вторых, китайская молодёжь новой эпохи должна любить великую Родину. Господин Сунь Ятсен сказал, что самое важное для человека – это «понимать, как надо любить Родину». Если человек не любит Родину, и, тем более, если он обманывает Родину и предаёт Родину, это огромный позор – как в своей собственной стране, так и в мире, такому человеку нигде нет места. Для каждого китайца любовь к Родине является святым долгом и обязанностью, это естественная озабоченность и глубокое чувство. Для китайской молодёжи новой эпохи любовь к Родине является сутью для существования и основой для достижения успеха в жизни. В современном Китае сутью патриотизма является сохранение высокого единства любви к Родине, любви к партии и любви к социализму.

<...>

В-третьих, китайская молодёжь новой эпохи должна нести на своих плечах эпохальную ответственность. Эпоха призывает к ответственности, возрождение нации является ответственностью молодёжи. Господин Лу Синь сказал, что молодёжь «полна жизненных сил, столкнувшись с глухим лесом, они могут прорубить в нём дорогу, столкнувшись с пустошью, они засадят её деревьями, столкнувшись с пустыней, они выроют колодец и найдут источник». В новом походе для осуществления великого возрождения китайской нации, чтобы противостоять серьёзным вызовам, устранить серьёзные риски, преодолеть тяжёлое сопротивление противодействующих сил и разрешить серьёзные противоречия, нужно с духом ответственности идти вперёд, невзирая на трудности бесстрашно двигаться далее. Лишь когда все молодые люди смогут смело брать на себя важную ответственность, смело преодолевать трудности и смело бороться с рисками, социализм с китайской спецификой непременно наполнится жизненной силой, резервами развития и надеждой. Молодёжь должна обрести и сохранять смелость, твёрдость и решимость точно так же, как новорождённый телёнок не боится тигра. Чем труднее и тяжелее ситуация, тем смелее надо двигаться вперёд, стоять на высшей точке веяний времени и стремиться быть авангардом эпохи. Рассматривать исследования и попытки как опасный путь, а продвижение с тяжёлым бременем – как невзгоды, или же «прятаться в своей комнате и равнодушно относиться ко всему другому»... – всякие подобные идеи и поступки с целью избежать ответственности являются недопустимыми, так как они мешают свершению великих дел и не принесут настоящую радость жизни.

\<...\>

В-четвёртых, китайская молодёжь новой эпохи должна упорно и смело бороться и двигаться вперёд. Борьба является самой яркой отличительной чертой молодости. «Уверен, что жизнь продлится двести лет, поэтому непременно удастся проплыть три тысячи миль». Миссия возрождения нации должна осуществляться путём борьбы, парус идеалов жизни должен быть поднят и наполняться в ходе борьбы. Без продолжительной упорной борьбы широких народных масс, и, особенно, борьбы поколений молодёжи, не было бы сегодняшней новой эпохи социализма с китайской спецификой, и уж, тем более, не будет завтрашнего дня великого возрождения китайской нации. На протяжении сотен и тысяч лет китайская нация переживала множество невзгод, но никакие беды не смогли сломить нас, а наоборот, раз за разом укрепляла и возвышала наш национальный дух, волю и силу. Сегодня условия нашей жизни улучшились, но о духе борьбы ни в коем случае нельзя забывать, славные традиции вечной борьбы китайской молодёжи нельзя отбрасывать ни в коем случае. В новом походе осуществления великого возрождения китайской нации непременно будут встречаться сложные и тяжёлые задачи, обязательно будут трудности и опасности и даже страшные валы и яростные волны, поэтому нам особенно важно развивать дух упорной борьбы. Борьба не только является звучным лозунгом, её надо воплощать в выполнении каждого маленького дела, каждой задачи и каждой обязанности. На пути борьбы не всегда всё гладко – всегда и повсюду тернии и колючки, ямы и ухабы. Сильный человек всегда борется в трудных условиях и никогда не падает духом.

<...>

В-пятых, китайская молодёжь новой эпохи должна иметь реальные способности. Молодость является золотым периодом для упорного освоения навыков и развития таланта. «Если зря проживёшь молодость и ничего не добьёшься, то в старости будешь сокрушаться об этом, ведь какая польза от такой жизни?» В нынешнюю эпоху знания всё быстрее обновляются, общественное распределение труда всё более детализируется, непрерывно появляются новые технологии, новые модели и новые отраслевые формы. С одной стороны, это предоставило молодёжи широкую сцену для проявления своего потенциала и талантов, а, с другой, предъявило более высокие требования к способностям и качествам молодёжи. Как для осуществления своего идеала жизни, так и для выполнения святой миссии эпохи, молодёжь должна ценить время, оправдать молодость, старательно изучать и овладевать научными знаниями, повышать личностные качества, обретать реальные навыки, чтобы адаптировать ко всё более быстрому развитию эпохи своё мышление, кругозор, концепции и уровень познания.

<...>

В-шестых, китайская молодёжь новой эпохи должна укреплять свои морально-нравственные качества. Человек без морали не может существовать в обществе, мораль является основой личности человека. Стремление к совершенству – это постоянное стремление китайской нации в отношении человеческого достоинства. Социалистическая модернизированная держава, которую мы строим, должна быть сильной не только в материальном плане, но и в духовном отношении. Сильная духовность является более длительной, более глубокой и более мощной. Молодёжь должна тесно сочетать правильное моральное сознание, самостоятельное моральное развитие и активную моральную практику, непрерывно работать над собой и повышать свои моральные качества, заложить прочную моральную основу, чтобы идти по жизненному пути более правильно и продолжительно. Перед сложными международными переменами надо отчётливо понимать разницу между правдой и кривдой, строго соблюдать правильный путь, нельзя петь с чужого голоса и слепо гнаться за модой. Перед лицом внешних соблазнов надо сохранять позицию и строго соблюдать правила, старательно создавать прекрасную жизнь трудолюбивыми руками и честным трудом, нельзя наживаться нечестным путём и понапрасну умничать. Наслаждаясь прекрасными годами, надо всегда быть благодарным – когда пьёшь воду, думай об источнике и знай, как отплатить. Надо благодарить партию и страну, благодарить общество и народ. Надо закалять себя в борьбе, чувствовать холод и тепло людей, озабоченности и радости народа, а также реальные противоречия, чтобы почерпнуть в них истину жизни, ценность жизни и направление работы.

<...>

Новые слова

ми́ссия 使命

реализова́ть несов. и сов. *что* 实现

возлага́ть несов. // возложи́ть сов. *что на кого-что* 赋予（责任、使命等）

уника́льный 少有的

возрожде́ние 复兴

напряму́ю 直接地

продвиже́ние 推进

возвыша́ть несов. // возвы́сить сов. *кого-что* 提高

активизи́ровать несов. и сов. *кого-что* 激发

потенциа́л 潜力

безво́льно 意志薄弱地

утека́ть несов. // уте́чь сов. 流逝

ра́зниться несов. *с кем-чем*〈文语〉有差异

интегри́роваться несов. и сов. 融入

эгои́зм 利己主义

сужа́ться несов. // су́зиться сов. *кем-чем* 变窄

свято́й 神圣的

озабо́ченность 关心

ста́лкиваться несов. // столкну́ться сов. *с кем-чем* 遇见

проруба́ть несов. // проруби́ть сов. *что* 开辟出

пу́стошь 旷野

заса́живать несов. // засади́ть сов. *что чем* 栽种

коло́дец 水井

противостоя́ть несов. *кому́-чему́* 对抗

устраня́ть несов. // устрани́ть сов. *кого́-что* 消除

противоде́йствовать несов. *кому́-чему́* 阻碍

невзира́я *на кого́-что* 不管

наполня́ться несов. // напо́лниться сов. *чем* 充满

обрета́ть несов. // обрести́ сов. *кого́-что* 〈文语〉获得

телёнок 牛犊

ве́яние 潮流

аванга́рд 先锋，先锋队

бре́мя 重担

невзго́да （常用复数）苦难

отличи́тельный 特别的

отбра́сывать несов. // отбро́сить сов. *кого́-что* 丢掉

вал 巨浪

я́ростный 猛烈的

те́рние 〈文语〉（常用复数）荆棘

колю́чка 带刺植物

уха́б 坑洼；坎坷

сокруша́ться несов. о *ком-чём* 伤心

детализи́роваться несов. и сов. 细化

адапти́ровать несов. и сов. 使适应

кругозо́р 视野

конце́пция 观念

закла́дывать несов. // заложи́ть сов. *кого́-что* 打牢（基础）

кри́вда 谬误

собла́зн 诱惑

нажива́ться несов. // нажи́ться сов. *на чём* 发财

у́мничать несов. // су́мничать сов. 自作聪明

почерпа́ть несов. // почерпну́ть сов. *что и́ли чего́* 得到

Работа над текстом

1 В следующей таблице представлен план текста. Заполните пробелы, чтобы его завершить.

Чтобы осуществить великое возрождение китайской нации, оправдать надежды партии, ожидания народа и выполнить важное поручение нации, реализовать возможности, которые несёт нам эта великая эпоха, китайская молодёжь новой эпохи должна делать:	• Во-первых, _____. • Во-вторых, _____. • В-третьих, _____. • В-четвёртых, _____. • В-пятых, _____. • В-шестых, _____.

2 Ответьте на следующие вопросы по содержанию текста.

1. Сегодня китайская молодёжь новой эпохи находится в наилучшем периоде развития китайской нации. Что она видит перед собой?

2. Почему китайская молодёжь новой эпохи должна иметь далеко идущие идеалы?

3. Китайская молодёжь новой эпохи должна любить свою Родину. В чём заключается суть патриотизма?

4. Почему всякие идеи и поступки с целью избежать ответственности являются недопустимыми?

5. Какой период является золотым периодом для упорного освоения навыков и развития таланта?

6. Для чего молодёжь должна старательно овладевать научными знаниями, повышать личностные качества, обретать реальные навыки?

7. Почему социалистическая модернизированная держава должна быть сильной не только в материальном плане, но и в духовном отношении?

3 Выполните следующее задание.

Лауреаты Китайской молодёжной медали «4 мая» – пример для широких масс юных учащихся Китая. На плечах лауреатов – огромный груз социальной ответственности и необходимость оправдать высокие надежды народа. Они идут в авангарде нашей молодёжи и, можно сказать, всего нашего общества. Их политическая сознательность, нравственность, желание быть полезными для общества – всё это пример для подражания современной молодёжи на уровне внутреннего мира, характера, ценностей.

Найдите в интернете информацию об одном из лауреатов медали «4 мая», который произвёл на вас самое сильное впечатление, и подготовьте небольшое сообщение на 3-5 минут.

Речевые упражнения

Выставка, посвящённая столетию «Движения 4 мая» в Китайском народном университете

1 **Переведите следующие словосочетания на русский язык.**

1. "两个一百年"奋斗目标
2. 中华民族伟大复兴
3. 中国式现代化新道路
4. 人类文明新形态
5. 社会主义建设者和接班人

2 **Переведите следующие предложения на китайский язык.**

1. Социализм с китайской спецификой для Коммунистической партии Китая и китайского народа является знаменем единства, прогресса и победы.

2. Социализм с китайской спецификой – это коренное достижение партии и народа, перенёсших бесчисленные трудности и выплативших за него колоссальную цену, это верный путь осуществления великого возрождения китайской нации.

3. Коммунистическая партия Китая и китайский народ будут шагать вперёд с гордо поднятой головой по выбранному ими самими пути, крепко удерживать в своих руках судьбу Китая для дальнейшего развития и прогресса!

4. Социализм с китайской спецификой в новую эпоху является эпохальным достижением великой социальной революции, проведённой народом под руководством нашей партии, является продолжением этой революции. Его необходимо придерживаться и развивать последовательно и неуклонно.

5. На основе продолжения и развития социализма с китайской спецификой, содействия скоординированному развитию материальной, политической, духовной культуры, а также цивилизованности общества и экологической цивилизации, мы сформировали новую китайскую модель модернизации и создали новую форму человеческой цивилизации.

6. Сегодня, под руководством КПК мы открыли путь социализма с китайской спецификой, сформировали социалистическую теоретическую систему с китайской спецификой, создали социалистический строй с китайской спецификой, развили социалистическую культуру с китайской спецификой, продвинули вступление социализма с китайской спецификой в новую эпоху.

3 **Прочитайте предложения. Выберите подходящие глаголы и поставьте их в пропуски в нужной форме.**

отказаться	продвигаться	подчиняться	наращивать
дорожить	прокладывать	практиковать	обрести
иметь	возложить		

1. Китайский народ _____ невиданную уверенность в правильности избранного пути, в теории, в строе и культуре, великое возрождение китайской нации показывает беспрецедентно светлые перспективы!

2. Китайская молодёжь новой эпохи должна _____ партии и следовать за партией, нести в сердце чувство озабоченности судьбой страны и народа, и любви к Родине и народу.

3. Китайская молодёжь новой эпохи должна _____ этой эпохой, брать на себя миссию эпохи, закалять и развивать себя в ходе выполнения ответственных обязанностей.

4. Китайская молодёжь новой эпохи должна смело _____, открывать новое и вносить свой личный вклад.

5. Китайская молодёжь новой эпохи должна бесстрашно преодолевать всяческие трудности и препятствия, смело _____ путь вперёд, прорываясь сквозь волны.

6. Китайская молодёжь новой эпохи должна старательно повышать уровень гуманитарной подготовки, _____ объёмы знаний и закалять характер в учёбе.

7. Китайская молодёжь новой эпохи должна сознательно утвердить и _____ _____ основные ценности социализма.

8. Китайская молодёжь новой эпохи должна сознательно _____ от меркантилизма, эпикурейства, экстремального индивидуализма, исторического нигилизма и других ошибочных идей.

9. С момента своего создания Коммунистическая партия Китая рассматривает реализацию коммунизма как свой высший идеал и конечную цель. Компартия Китая без всяких колебаний _____ на себя историческую миссию – великое возрождение китайской нации.

10. Китайская нация _____ более чем пятитысячелетнюю историю, она создала великолепную китайскую цивилизацию, внесла выдающийся вклад в развитие человечества и стала великой мировой нацией.

Дополнительное чтение

Составьте сжатое изложение по содержанию текста и озаглавьте его. (не менее 120 слов)

« Китайская молодёжь должна воспитывать в себе дух стремления, быть твёрдой в идеалах, придерживаться убеждений и быть достаточно смелой, чтобы противостоять трудностям и продвигаться вперёд, а также упорно трудиться», – сказал председатель Си Цзиньпин во время визита в Пекинский университет в мае 2018 г.. Он призвал молодых людей никогда не отрывать свои идеалы от будущего своего Отечества и в качестве важнейшего жизненного ориентира выбрать путь к национальному возрождению.

Сегодня всё больше молодых китайцев вливается в великое дело по созданию лучшего будущего для страны и её народа.

Комментатор CGTN Эйнар Танген отмечает, что молодёжь стремится играть активную роль в развитии страны. «Думаю, многие молодые люди "проснулись" и сказали: послушайте, если Китай собирается идти вперёд, ему нужна поддержка и нашего поколения, а мы должны дать Родине всё, что можем. И я не хочу оставаться в стороне, хочу быть частью этого процесса», – сказал Танген в недавнем интервью CGTN.

«За последние 40 лет было достигнуто немало экономических успехов. Молодёжь гордится тем, насколько далеко продвинулся Китай», – добавил он.

«На нас, представителей молодого поколения, ложится большая историческая ответственность, – отмечает студентка Пекинского университета Чжу Юйхуэйлань. – И мы готовы с честью её принять! Мы обязательно добьёмся успеха».

Растущий энтузиазм молодёжи добавляет уверенности в том, что Китай может ещё увереннее и эффективнее решать самые разные задачи своего развития – будь то борьба с бедностью, трансформация модели экономического развития или охрана окружающей среды: молодому поколению, «пробудившемуся» для великой миссии, всё по плечу!

Китай:
история
успеха

Выполните следующую работу в группах.

1. Найдите информацию о достижениях китайских молодых людей в одной из сфер общественной жизни и напишите по этой теме сочинение. (не менее 150 слов)
2. Подготовьте 5-8-минутную групповую презентацию с вышеупомянутой информацией.

Китайская мудрость

Запомните следующее древнее высказывание. Подумайте, какое актуальное значение оно имеет для современных студентов.

青春虚度无所成，白首衔悲亦何及。

Если зря проживёшь молодость и ничего не добьёшься, то в старости будешь сокрушаться об этом, ведь какая польза от такой жизни?

——唐代权德舆《放歌行》

Для самостоятельного чтения

1. «Великое возрождение китайской нации – величайшая мечта китайской нации с начала нового времени» 《实现中华民族伟大复兴是中华民族近代以来最伟大的梦想》

   «Си Цзиньпин о государственном управлении I» стр. 47-50

   《习近平谈治国理政》第一卷，第35—37页

2. «Добиться решающей победы в полном построении среднезажиточного общества, одержать великую победу социализма с китайской спецификой в новую эпоху» (Первая часть) 《决胜全面建成小康社会，夺取新时代中国特色社会主义伟大胜利》（第一部分）

   «Си Цзиньпин о государственном управлении III» стр. 2-17

   《习近平谈治国理政》第三卷，第2—10页

3. «Отстаивать и совершенствовать социалистический строй с китайской спецификой, продвигать модернизацию системы и потенциала государственного управления» 《坚持和完善中国特色社会主义制度、推进国家治理体系和治理能力现代化》

   «Си Цзиньпин о государственном управлении III» стр. 177-196

   《习近平谈治国理政》第三卷，第118—130页

2
Урок

Прекрасный Китай

Зелёные горы и изумрудные воды – бесценное сокровище.

Си Цзиньпин, выступление на Всекитайском совещании по охране окружающей среды, 18 мая 2018 г.

Благодаря неустанным усилиям всех партийных товарищей и многонационального народа Китая мы добились цели, приуроченной к столетию Коммунистической партии Китая. На китайской земле было полностью построено среднезажиточное общество, добились исторического разрешения проблемы абсолютной бедности. Мы, преисполненные небывалого энтузиазма, продвигаемся вперёд к цели полного построения модернизированной социалистической державы, намеченной к столетию КНР.

Си Цзиньпин, речь на торжественном собрании по случаю столетнего юбилея со дня основания Коммунистической партии Китая, 1 июля 2021 г.

Рисовые поля в Гуйлине, Гуанси-Чжуанский автономный район

Вступительное слово

В последние десятилетия международное сообщество придаёт всё больше значения вопросам защиты окружающей среды. Ежегодная конференция ООН по изменению климата, впервые проведённая в 1995 году, по мнению некоторых специалистов, играет решающую роль в активизации усилий мирового сообщества по противодействию негативным для человечества последствиям изменений климата. Под эгидой Конференции было заключено два знаковых международных соглашения: Киотский протокол и Парижское соглашение по климату, принятые, соответственно, во время третьей (1997) и двадцать первой (2015) конференций. Следует отметить, что Парижское соглашение впервые в истории человечества объединило подавляющее большинство стран мира в едином стремлении противодействовать изменениям климата. Двадцать шестая по счёту Конференция, прошедшая в Великобритании в ноябре 2021 г., предоставила странам-участникам уникальную возможность перехода к более решительным мерам по снижению объёмов парниковых газов.

Общий план «пятиединая схема строительства», выдвинутый в 2012 году в ходе XVIII съезда КПК, представляет собой экономическое, политическое, культурное и социальное строительство и строительство экологической культуры. В Плане особое место уделяется важности и безотлагательности вопроса, касающегося развития экологической цивилизации. С момента введения Плана в действие вопросы охраны окружающей среды вышли на передний план в работе правительственных органов Китая.

Текст, предлагаемый в этом уроке, представляет собой отрывок из программной речи председателя Си Цзиньпина на Всекитайском совещании по охране окружающей среды (18 мая 2018 г.).

Предтекстовые задания

Аньцзи, пров. Чжэцзян

1 **Прочитайте три следующих микротекста и расскажите, какие экологические идеи излагаются в них.**

В принятом на 3-м пленуме ЦК КПК 18-го созыва решении было выдвинуто положение о системе экологической компенсации. Её целью является предотвращение разрушения экологической среды, укрепление и стимулирование здорового развития экосистемы. Эта система представляет собой новый тип управления экологией, объектом которого является всякое производство, хозяйственная и любая другая деятельность по освоению и использованию среды, которые влияют или могут повлиять на экологию. Сутью данной системы управления являются упорядочение и восстановление экологической среды, регулирование посредством экономических рычагов и предоставление законодательных гарантий в этой сфере.

В докладе на XIX съезде КПК указывается, что нужно продвигать принципы всесторонней экономии ресурсов и их циклического использования, претворять в жизнь государственную программу водосбережения, снижать расходы сырья и энергии, состыковывать циклическое использование энергии в производственных и бытовых системах. Мы должны ориентироваться на разумную экономию в быту, распространять зелёный, низкоуглеродный образ жизни, пресекать расточительство и нерациональное потребление, предпринимать действия по созданию экономичных офисов, «зелёных» семейных домов, школ и целых микрорайонов, выбирать экологически чистые виды транспорта для поездок.

«Зелёные горы и изумрудные воды – бесценное сокровище». Это научное суждение было высказано в августе 2005 г. председателем Си Цзиньпином, занимавшим в то время пост секретаря партийного комитета провинции Чжэцзян, во время инспекционной поездки в Аньцзи (Хучжоу, провинция Чжэцзян). <...> В докладе на XIX съезда КПК подчёркивается, что необходимо придерживаться гармоничного сосуществования человека и природы, утвердить и претворять в жизнь концепцию того, что «зелёные горы и изумрудные воды – бесценное сокровище», придерживаться национальной политики ресурсосбережения и охраны окружающей среды.

Ключевые принципы строительства экологической цивилизации

Экологическая среда и её строительство представляет собой важную политическую проблему, непосредственно касающуюся миссии и предназначения КПК, а также важную социальную проблему, которая связана с благосостоянием народа. Наша партия неизменно уделяет повышенное внимание защите экологии, определив ресурсосбережение и охрану окружающей среды в качестве ключевой составляющей государственной политики, а устойчивое развитие – как государственную стратегию. По мере социально-экономического развития и углубления практики наше понимание общей схемы социализма с китайской спецификой непрерывно расширяется, от первоначального понятия «две культуры», до концепции «три в одном», «четыре в одном», и сегодняшней концепции «пять в одном» – это важный процесс теоретических и практических новаторств, которые содействуют глубоким изменениям в общей концепции и модели развития.

В настоящее время, по мере того как противоречия между постоянно растущими потребностями народа в более прекрасной жизни и неравномерностью и неполнотой развития становятся главными противоречиями в обществе нашей страны, потребности широких масс в благоприятной экологической среде стали главной составляющей данных противоречий, народ с большим ожиданием надеется на ускоренное улучшение качества окружающей среды. Стремление народа к более прекрасной жизни – это цель борьбы нашей партии, решение самых актуальных проблем, непосредственно затрагивающих интересы народа – вот в чём заключается миссия правящей партии. Доверие и поддержка народа – это крупнейшая политика. Мы должны активно реагировать на желания, ожидания и нужды народных масс, всемерно продвигать строительство экологической цивилизации, предоставить больше высококачественной экологически чистой продукции с тем, чтобы удовлетворять постоянно растущие потребности народа в прекрасной окружающей среде.

Всё человечество – это сообщество с единой судьбой. Охрана окружающей среды представляет собой общий вызов и обязанность, стоящие перед всеми странами мира. Если у нас будет качественно выполнена работа построения экологической цивилизации, то это будет считаться плюсом социализма с китайской спецификой. В противном же случае это станет поводом для нападок на нас сил, руководствующихся скрытыми мотивами. С тех пор как человечество вступило в эпоху индустриальной цивилизации, традиционная индустриализация бурно развивалась, что не только создало огромное материальное богатство, но и, при этом, быстро охватило огромные объёмы природных ресурсов и нарушило имевшуюся циркуляцию и баланс экосистемы планеты, в конце концов, обострило отношения между человеком и природой. С 30-х годов прошлого века в западных странах возникали одна за другой потрясшие весь мир экологические угрозы и катастрофы, которые нанесли огромный ущерб и заставили людей глубоко задуматься о капиталистической модели развития. <...>

После XVIII съезда КПК наша партия ответила на следующие важные теоретические и практические вопросы: зачем строить экологическую цивилизацию, какой она должна быть и как это реализовать, а также выдвинула ряд новых концепций, новых идей и новых стратегий. Чтобы продвинуть строительство экологической цивилизации в новую эпоху, необходимо придерживаться следующих принципов.

Во-первых, придерживаться принципа гармоничного сосуществования человека и природы. Ведь человек и природа едины, они составляют жизненное сообщество. Экологическая среда не имеет альтернативы. <...> Когда человечество разумно использует природу и бережёт её, последняя щедро благодарит; когда человечество слепо и хищнически осваивает природные ресурсы, то последняя безжалостно наказывает. Причиняя вред природе, люди наносят ущерб самим себе – это закон и правило. <...>

<...>

Во-вторых, зелёные горы и изумрудные воды – это бесценное сокровище. Это – важная концепция развития, а также важный принцип продвижения модернизационного развития. Выражение «Зелёные горы и изумрудные воды –

бесценное сокровище» указывает на соотношение между экономическим развитием и охраной экологии, раскрывает факт того, что защита и улучшение экологии – это суть защиты и развития производительных сил. Оно указывает на новый путь осуществления гармоничного сосуществования и баланса развития и охраны. Зелёные горы и изумрудные воды являются не только природным и экологическим богатством, но и социальным и экономическим достоянием. Охранять экологию – есть суть охраны природной ценности и преумножения природного капитала, а также сохранения потенциала и стабильности социально-экономического развития, таким образом зелёные горы и изумрудные воды смогут на протяжении веков играть свою роль в улучшении экологии и формировании социально-экономического богатства.

<...>

В-третьих, благоприятная окружающая среда является общим достоянием и благом для всего народа. То, что нравится народу, необходимо развивать; а то, что народ не приемлет, категорически искоренять. Окружающая среда – есть благосостояние населения, зелёные горы – это красота, а синее небо – это счастье. Мы развиваем экономику в целях повышения благосостояния народа, и с той самой целью защищаем экологию. Нужно не только создавать больше материальных и духовных богатств ради удовлетворения изо дня в день растущих потребностей народа в более прекрасной жизни, но и предоставить больше качественной и экологически чистой продукции в целях удовлетворения растущих потребностей людей в более красивой и гармоничной окружающей среде. Нужно крепко держать ориентир экологического строительства во благо народа, для его пользы и ради него; делать акцент на разрешении явных экологических проблем, наносящих вред здоровью населения, ускорять улучшение качества окружающей среды, предоставлять больше качественной экологически чистой продукции, стремиться к достижению социальной беспристрастности и справедливости, постоянно удовлетворять растущие потребности народа в прекрасной экологии.

<...>

В-четвёртых, горы, воды, леса, поля, озёра и травы представляют собой целостное жизненное пространство. Экология – это комплексная единая природная система, а также органическая цепочка с неразрывно связанными и взаимозависимыми звеньями. Жизненные артерии человечества – это поля, жизненные артерии полей – в воде, жизненные артерии воды – в горах, жизненные артерии гор – в почве, а жизнь почвы зависит от лесов и трав. Такое жизненное сообщество является материальной основой существования и развития человечества. Необходимо учитывать важные долгосрочные и общие интересы; если из-за малого терять большое, обращать внимание на одно и упускать другое, то, в конечном счёте, неизбежно будет нанесён комплексный вред экологии и окружающей среде, последствия которого могут длиться долгие годы.

<...>

В-пятых, необходимо применять самый строгий режим и самые тщательно проработанные правовые нормы в целях защиты экологической среды. Иными словами, охране экологии окружающей среды необходимо опираться на режим и законность. В нашей стране в сфере защиты окружающей среды существует ряд заметных проблем, большинство из которых связано с несовершенной системой, нестрогим режимом, неаккуратным соблюдением законности, неполным законоисполнением и неэффективным наказанием. Нужно ускорить инновации в сфере экологического администрирования, увеличить обеспечение ключевых систем, усовершенствовать вспомогательные системы, усилить действие норм и правил, сделать его жёстким ограничением и «линией под напряжением», к которой запрещено прикасаться. Следует на основе режима контролировать власть, управлять чиновниками, защищать синее небо и зелёные земли, точно исполнять обязательства при нахождении на руководящей должности, эффективно выполнять должностные обязанности, привлекать к ответственности при упущениях по службе, чтобы тщательно реализовать выработанные ЦК КПК стратегии и решения о построении экологической цивилизации.

<...>

В-шестых, необходимо совместно планировать и реализовывать строительство экологической цивилизации в глобальном масштабе. Строительство экологической цивилизации касается будущего всего человечества, создание экологически чистого дома является общей мечтой человечества; чтобы защитить экологическую окружающую среду и реагировать на изменения климата, всем странам нужно сплотиться перед лицом угрозы и объединить свои силы; нет страны, которая могла бы оставаться в стороне и заботиться лишь о своих интересах. Китай активно участвует в процессе построения экологической цивилизации в глобальном масштабе, вносит свой весомый вклад в данный процесс, настаивая на формировании экосистемы, характеризующейся уважением к природе и «зелёным» развитием, а также на совместном создании чистого и прекрасного мира. Следует ещё глубже участвовать в упорядочении окружающей среды в глобальном масштабе, усилить наш голос и повысить авторитет Китая в глобальной системе управления окружающей средой, активно влиять на реформирование международного порядка, вырабатывать проект решений по охране окружающей среды во всём мире и осуществлении устойчивого развития. Необходимо продвигать дружественное и бережное отношение к окружающей среде, влиять на международное сотрудничество в области борьбы с изменениями климата. Следует также продвигать строительство «Одного пояса – одного пути», чтобы концепция экологической цивилизации и её реализация принесли пользу народам стран, расположенных вдоль «Одного пояса – одного пути».

Новые слова

ключево́й 主要的

экологи́ческий 生态的

цивилиза́ция 文明

предназначе́ние 宗旨

благосостоя́ние 富裕（生活）

ресурсосбереже́ние 节约资源

страте́гия 战略

углубле́ние 深入

схе́ма 布局

специ́фика 特点

нова́торство 创新

соде́йствовать несов. и сов. *кому́-чему́* 促进

неравноме́рность 不均衡性

пра́вящий 执政的

реаги́ровать несов. // прореаги́ровать сов. *на что* 对待

всеме́рно 大力地

продвига́ть несов. // продви́нуть сов. *что* 推进

предоставля́ть несов. // предоста́вить сов. *что* 提供

соо́бщество 共同体

по́вод 借口

моти́в 动机

индустриа́льный 工业的

циркуля́ция 循环

бала́нс 平衡

обостря́ть несов. // обостри́ть сов. *что* 使……更加尖锐

уще́рб 损害

съезд 代表大会

приде́рживаться несов. *чего* 坚持

гармони́чный 和谐的

сосуществова́ние 共存

альтернати́ва 替代品

хи́щнически 掠夺性地

изумру́дный 碧绿的

сокро́вище 〈文语〉（常用复数）财富

достоя́ние 财富

преумноже́ние 增值

капита́л 资本

стаби́льность 持久

искореня́ть несов. // искорени́ть сов. *что* 根除

ориенти́р 方针

беспристра́стность 公平

ко́мплексный 系统性的

неразры́вно 紧密地

арте́рия 命脉

после́дствие 后果

неэффекти́вный 不得力的

иннова́ция 创新

чино́вник 官吏

глоба́льный 全球的

спла́чиваться несов. // сплоти́ться сов. 团结起来

весо́мый 重要的

упоря́дочение 整顿

Работа над текстом

1 В следующей таблице представлен план текста. Заполните пробелы, чтобы его завершить.

Экологическая среда и её строительство представляют собой	• важную политическую проблему, _____; • важную социальную проблему, _____.
Наша партия неизменно уделяет повышенное внимание	• защите экологии, определив _____, а устойчивое развитие – как _____.
После XVIII съезда КПК наша партия ответила на следующие важные теоретические и практические вопросы:	• зачем строить экологическую цивилизацию, _____ и _____.
Принципы продвижения строительства экологической цивилизации в новую эпоху:	• Во-первых, _____. • Во-вторых, _____. • В-третьих, _____. • В-четвёртых, _____. • В-пятых, _____. • В-шестых, _____.

2 Ответьте на следующие вопросы по содержанию текста.

1. Что вы знаете о понятии «две культуры» и о концепциях «три в одном» и «четыре в одном»?

2. Рост какого рода противоречий характерен для современного этапа развития?

3. Как природа отвечает человеку на хищническое и слепое использование её ресурсов?

4. На что ещё, кроме необходимости беречь природу, указывает выражение «Зелёные горы и изумрудные горы – бесценное сокровище»?

5. В каких географических масштабах нужно планировать развитие экологической цивилизации?

3 **Выполните следующее задание.**

Дамбы, построенные две тысячи с лишним лет назад в Дуцзянъянь – это уникальный гидромелиоративный комплекс, отражающий принцип гармоничного сосуществования человека и природы. Какие подобные гидромелиоративные комплексы в современном Китае или в мире вы ещё знаете?

Найдите в интернете соответствующую информацию и подготовьте небольшое сообщение на 3-5 минут.

Речевые упражнения

Лёссовое плато по течению реки Хуанхэ

1 **Переведите следующие словосочетания на русский язык.**

1. 统筹推进 "五位一体" 总体布局
2. 协调推进 "四个全面" 战略布局
3. 新发展阶段
4. 新发展格局

2 **Переведите следующие предложения на китайский язык.**

1. Надо неуклонно придерживаться принципов инновационного, скоординированного, «зелёного» и открытого развития, благами которого пользуется всё население, от этого зависит, как произойдут глубокие перемены в общей ситуации развития нашей страны.

2. В новом походе мы должны придерживаться основной теории, основной линии и основной стратегии партии, на основе единого планирования продвигать реализацию общей схемы пятиединого строительства, согласованно осуществлять четырёхаспектную всестороннюю стратегическую концепцию.

3. Как было подчёркнуто на XVIII съезде КПК, строительство социализма с китайской спецификой в общем обосновано тем, что Китай сейчас находится и ещё долго будет находиться на начальной стадии социализма; под общим

планом подразумевается «пятиединая схема строительства», а общая задача сводится к социалистической модернизации страны и осуществлению великого возрождения китайской нации.

4. Строительство экологической культуры было включено XVIII съездом КПК в общий план строительства социализма с китайской спецификой, в результате чего было чётко определено стратегическое положение экокультурного строительства, что позволило повсеместно и с начала и до конца сопрягать экономическое, политическое, культурное и социальное строительство с экокультурным строительством.

5. Центральное звено необходимо видеть в экономическом строительстве. Нам предстоит всесторонне стимулировать социалистическое экономическое, политическое, культурное и социальное строительство, а также строительство экологической культуры, углублять реформы, совершенствовать политику открытости, стимулировать научность развития и тем самым непрерывно упрочивать материально-культурные основы для осуществления китайской мечты.

6. Высококачественное развитие – это развитие, которое может удовлетворять постоянно растущее стремление народа к прекрасной жизни и демонстрировать новую концепцию развития, развитие, которое характеризуется инновациями в качестве ключевой движущей силы, координацией в качестве эндогенной черты, экологичностью в качестве повсеместного принципа, открытостью в качестве непреложного пути, и совместным использованием в качестве коренной цели.

3 **Прочитайте предложения. Выберите подходящие глаголы и поставьте их в пропуски в нужной форме.**

пользоваться	возрасти	стать	появиться
ограничивать	придерживаться	стремиться	соблюдать
поощрять	следовать		

1. В ходе развития мы должны _____ курса на приоритет ресурсосбережения, экоохраны и самовосстановления экологии.

2. На фоне углубления социально-экономического развития в стране резко _____ значение и роль строительства экологической культуры.

3. Государство сильно ровно настолько, насколько эффективно исполнение закона. При отсутствии эффективного правоприменения государство _____ слабым.

4. Стратегическая концепция, состоящая из четырёх всесторонних аспектов, _____ на свет на основе реальных потребностей развития нашей страны, на основе насущных ожиданий нашего народа.

5. Следует ускоренными темпами определить и строго _____ три красные линии: а именно красная линия экоохраны, минимальный предел качества окружающей среды и максимальный предел ресурсопользования.

6. Человечество в своей деятельности развития обязано уважать природу, _____ её законам, охранять её, в противном случае природа отомстит нам, и эту закономерность никто не в состоянии изменить.

7. Строительство экологической цивилизации является общим делом с участием народных масс, которые совместно _____ плодами экоцивилизации. Следует сделать идеи и цели строительства прекрасного Китая сознательным действием всего народа.

8. Необходимо _____ экономическую деятельность и жизнедеятельность человека в пределах, допустимых природными ресурсами и экологической средой, чтобы оставить время и пространство для отдыха и восстановления природы и экологии.

9. Мы должны в масштабе всего общества всемерно _____ уважение и заботу о пожилых, содержать пожилых, активно развивать деятельность в интересах пожилых людей, чтобы все смогли жить счастливой и полноценной жизнью в глубокой старости.

10. Будучи крупнейшей в мире развивающейся страной, <...> Китай продвигает строительство экологической цивилизации и _____ к построению богатой, могущественной, демократической, цивилизованной, гармоничной и прекрасной социалистической модернизированной державы, что окажет влияние на весь мир.

Дополнительное чтение

Составьте сжатое изложение по содержанию текста и озаглавьте его. (не менее 120 слов)

Китайская провинция Чжэцзян удостоена премии Программы ООН по окружающей среде «Чемпионы Земли». Высшая экологическая награда ООН вручена провинции за преображение местной экосистемы и реализацию проекта «Тысяча образцовых деревень, десять тысяч обустроенных деревень». Столь высокая форма официального признания со стороны международного сообщества является безусловным свидетельством огромных достижений Китая в развитии экологической цивилизации. За минувшее десятилетие в Китае произошёл подлинный рывок в этом направлении.

26 сентября 2018 г. вечером в Нью-Йорке состоялась церемония награждения лауреатов премии программы ООН по окружающей среде «Чемпионы Земли», которая была частью мероприятий в рамках 73-й сессии Генеральной Ассамблеи ООН. Награду в категории «стимул и действия» завоевал план восстановления окружающей среды в провинции Чжэцзян. «Успешная программа восстановления окружающей среды в провинции Чжэцзян демонстрирует силу экономического и экологического развития», – подчеркнули в ООН.

В апреле 2018 г. заместитель генерального секретаря и директор-исполнитель Программы по окружающей среде ООН Эрик Солхейм посетил сельские районы провинции Чжэцзян, после чего он высоко оценил усилия провинциальных властей в разрешении экологических проблем и продвижении зелёного развития. «В сёлах Пуцзян и Аньцзи провинции Чжэцзян я увидел облик будущего Китая и будущее планеты», – сказал он.

Премия «Чемпионы Земли» была учреждена в 2004 году. Это высшая награда ООН за усилия по охране окружающей среды, премия вручается ежегодно. В 2017 году премию в номинации «стимул и действия» получили создатели государственного лесопарка Сайханьба в провинции Хэбэй.

Китай: история успеха

Выполните следующую работу в группах.

1. Найдите информацию об успехах Китая в области охраны окружающей среды и напишите по этой теме сочинение. (не менее 150 слов)

2. Подготовьте 5-8-минутную групповую презентацию с конкретным опытом по защите экологической среды.

Китайская мудрость

Запомните следующее древнее высказывание. Подумайте, какое актуальное значение оно имеет в современном мире.

万物各得其和以生，各得其养以成。

Всё сущее в гармонии и порядке рождается и развивается,

имея источник для существования.

——《荀子·天论》

Для самостоятельного чтения

1. «Изучение, пропаганда и претворение в жизнь духа XVIII съезда КПК в тесной увязке с отстаиванием и развитием социализма с китайской спецификой» 《紧紧围绕坚持和发展中国特色社会主义学习宣传贯彻党的十八大精神》 «Си Цзиньпин о государственном управлении I» стр. 7-28 《习近平谈治国理政》第一卷，第 6—20 页

2. «Необходимо дать народу больше чувств обретения, счастья и безопасности» 《让人民群众有更多获得感、幸福感、安全感》 «Си Цзиньпин о государственном управлении III» стр. 512-518 《习近平谈治国理政》第三卷，第 342—346 页

3. «Молодёжь должна сознательно воплощать в жизнь основные ценности социализма» 《青年要自觉践行社会主义核心价值观》 «Си Цзиньпин о государственном управлении I» стр. 231-248 《习近平谈治国理政》第一卷，第 166—179 页

3

Урок

Высококачественное развитие

Чтобы государство стало могучим, необходимо иметь сильную экономическую систему. Только при образовании модернизированной экономической системы можно наилучшим образом адаптироваться к веяниям модернизированного развития, завоевать инициативу в международной конкуренции и оказать надёжную поддержку для модернизации других областей.

Си Цзиньпин, выступление на 3-м коллективном семинаре Политбюро ЦК КПК 19-го созыва, 30 января 2018 г.

Перейдя от высоких темпов роста к высококачественному развитию, китайская экономика в настоящий момент находится на стадии преодоления труднейших барьеров в трансформации форм развития, в оптимизации экономической структуры и замещении старых драйверов развития. Создание модернизированной экономической системы является насущным требованием, обусловленным необходимостью преодолеть эти барьеры, и стратегической целью развития Китая.

Си Цзиньпин, доклад на XIX Всекитайском съезде Коммунистической партии Китая 18 октября 2017 г.

Залив Синхай, Далянь, пров. Ляонин

Вступительное слово

Региональная экономика является основой национальной экономики и важной опорой для реализации национальных стратегий и целей. Продвижение согласованного регионального развития является объективным требованием качественного развития территориально-пространственного распределения и неотъемлемым требованием решения проблемы неравномерного развития. Нам следует приспособиться к новым обстоятельствам и задействовать новый образ мышления и взгляды на скоординированное региональное развитие.

После XVIII Всекитайского съезда Коммунистической партии Китая глубина и широта регионального сотрудничества заметно увеличились, значительно усилилась координация регионального развития, постепенно формируется региональная экономическая схема на основе взаимодополняющих преимуществ и высококачественного развития. После XIX Всекитайского съезда Коммунистической партии Китая направление и адресность стратегии регионального развития Китая становились всё более и более ясными и всеобъемлющими, что способствует формированию новой модели развития. Новая кинетическая энергия, порождённая скоординированным региональным развитием, будет активно способствовать устойчивому и долгосрочному прогрессу Китая на великом пути реализации цели второго столетия и национального возрождения.

Текст, предлагаемый в этом уроке, представляет собой отрывок из выступления председателя Си Цзиньпина на 5-м заседании Центральной комиссии по финансовым и экономическим делам (26 августа 2019 г.).

Предтекстовые задания

Высокоскоростная железная дорога Ханчжоу-Хуаншань

1 **Прочитайте три следующих микротекста и расскажите, какие особенности экономических преобразований в Китае упоминаются в них.**

Экономическое развитие Китая было достигнуто в условиях открытости, и в дальнейшем качественное развитие экономики Китая также должно осуществляться в условиях ещё большей открытости. Содействие всесторонней внешней открытости означает необходимость адаптироваться к новым условиям, усвоить новые особенности ситуации; действовать в рамках инициативы «Один пояс – один путь»; уделять одновременное внимание «привлечениям из-за рубежа» и «выходу вовне»; придерживаться принципов совместных консультаций, совместного строительства и совместного пользования; укреплять открытость сотрудничества в области инновационного потенциала. При этом взаимодействие должно охватывать регионы на суше и на море, проходить как в Китае, так и за его пределами, а взаимная помощь между западными и восточными регионами должна быть обоюдной. Необходимо содействовать переходу от открытости в плоскости перемещения товаров и факторов к открытости институционального типа, в том числе на уровне различных норм и правил.

10 ноября 2015 г. на 11-м заседании Центральной руководящей группы в финансово-экономической сфере председатель Си Цзиньпин выдвинул стратегически важную установку на реформы в сфере предложения. В настоящее время и в определённый период в будущем перед китайской экономикой стоят и будут стоять проблемы, как в сфере предложения, так и в сфере спроса, однако главная сторона противоречия кроется в сфере предложения. В отчётном докладе ЦК на XIX съезде КПК подчёркивается, что для построения современной экономической системы мы должны сосредоточиться на развитии реального сектора экономики, а в качестве основного курса необходимо утвердить повышение качества предложения, раскрыть и усилить качественные преимущества экономики Китая.

Стратегия развития Китая в высшей степени совпадает с мировым трендом устойчивого, «зелёного», низкоуглеродного развития и трансформации. Китайский путь «зелёного развития» – это гармоничное сосуществование и благотворное взаимодействие между человеческим обществом и природой, это и есть путь устойчивого развития. Китай принимает концепцию экологической цивилизации, продолжающую идеи восточной философии, и готов тем самым внести свой вклад в осуществление зелёной трансформации экономики и устойчивое развитие во всём мире.

Необходимо продвигать формирование регионального экономического планирования, направленного на высококачественное развитие

В настоящее время региональное экономическое развитие страны сталкивается с рядом новых ситуаций и новых проблем. В меняющейся обстановке развития внутри и вне страны следует проанализировать, каких региональных политик необходимо придерживаться и какие нужно модернизировать. Исходя из ориентации на осуществление цели, намеченной ко «второму столетнему юбилею», необходимо сделать определённые оценки со стратегической точки зрения.

I. Надо правильно понимать новую ситуацию текущего регионального экономического развития

Наша страна – это обширная территория с многочисленным населением, разница в природных ресурсах между разными регионами столь велика, что в мире редко можно найти аналоги, поэтому единое планирование в сфере регионального развития всегда является серьёзным вопросом.

После образования КНР распределение производительных сил страны претерпело несколько значимых перестроек. В период «1-й пятилетки» свыше 70% из 156 ведущих проектов, построенных при помощи СССР, были расположены в северной части страны, 54 из них – на Северо-Востоке Китая. Затем товарищ Мао Цзэдун в выступлении «О десяти важнейших взаимоотношениях» выдвинул правильное регулирование отношений промышленности в приморских и внутренних районах, и в середине 60-х гг. XX века в стране развернулось строительство «Третьего фронта». Начав проведение политики реформ и открытости, мы реализовали комплекс важных мер, в т. ч. создание специальных экономических зон, осуществление открытости приморских городов и т. д. Начиная со среднего и позднего периода 1990-х годов, мы, продолжая поддерживать и продвигать оптимизированное развитие восточного региона, последовательно разрабатывали такие важные стратегические решения, как реализация масштабного освоения западного региона Китая, восстановление старых промышленных баз на Северо-Востоке и других местах, содействие подъёму центральных регионов страны и др. После XVIII съезда КПК ЦК партии выдвинул новые стратегии регионального развития, в т. ч. скоординированное развитие региона Пекин-Тяньцзинь-Хэбэй, развитие экономического пояса реки Янцзы, совместное строительство «Одного пояса – одного пути», строительство района «Большого залива» Гуандун-Сянган-Аомэнь, интеграционное развитие региона дельты реки Янцзы и др. Изучается проблема экологической охраны и высококачественного развития бассейна реки Хуанхэ.

<...>

Судя по всему, пространственная структура экономического развития нашей страны переживает глубинные изменения, центральные города и городские агломерации становятся главной пространственной структурой, несущей элементы развития. В связи с этим нам следует приспособиться к новым обстоятельствам и задействовать новый образ мышления и взгляды на скоординированное региональное развитие.

II. Рассуждения о содействии скоординированному региональному развитию в условиях новой обстановки

Общая идея о содействии скоординированному региональному развитию в условиях новой обстановки сводится к следующему: в соответствии с объективными экономическими законами нужно регулировать и совершенствовать систему политических мер, направленных на региональное развитие, выявлять сравнительные преимущества разных районов, содействовать рациональному обращению и высокоэффективному концентрированию различных элементов, придавать динамику инновационному развитию, ускорять формирование динамической системы высококачественного развития, повышать нагрузку на экономику и население центральных городов, городских агломераций и других районов, имеющих преимущества в экономическом развитии, укреплять функции других районов по обеспечению продовольственной безопасности, экологической безопасности, пограничной безопасности и т. д., с тем, чтобы сформировать региональную экономическую систему, характеризующуюся взаимным дополнением преимуществ и высококачественным развитием.

<...>

Во-первых, надо уважать объективные законы. Индустрия и население естественным образом концентрируются в приоритетных районах, там же формируются источники движущих сил роста в формате городских агломераций, которые затем содействуют повышению всеобщей экономической эффективности. Это является экономическим законом. <...>

Во-вторых, надо выявлять и реализовывать относительные преимущества. Регионы, где имеются благоприятные условия для экономического развития, должны выдерживать большее давление в промышленном и социальном плане и выявлять свою роль в формировании ценностной составляющей. Регионы, обладающие знаковым экологическим значением, должны получить эффективную поддержку, чтобы создавать больше экологически чистых продуктов. Учитывая факторы национальной безопасности, необходимо повышать потенциал развития пограничных районов, чтобы они имели определённую демографическую и экономическую опору, и тем самым содействовать национальной сплочённости и стабильности пограничных территорий.

В-третьих, надо совершенствовать общее администрирование пространства. Следует совершенствовать и реализовать стратегию основных функциональных регионов, детализировать классификацию основных функциональных регионов, в соответствии с определением ключевых функций распределять политическое влияние, разрабатывать дифференцированную политику по отношению к ведущим районам освоения, экологически уязвимым районам и районам, обладающим энергетическими ресурсами, классифицировать и проводить адресную действенную политику, продвигать формирование структуры пространственного развития, которая может эффективно организовать основные функции и обеспечить упорядоченное освоение территорий страны.

В-четвёртых, необходимо гарантировать нижнюю границу народного благосостояния. Основное требование скоординированного регионального развития – обеспечение равного доступа к основным общественным услугам и относительно равномерная степень беспрепятственности базовой инфраструктуры. Следует совершенствовать сопутствующие политики в отношении земли, прописки, трансфертных платежей и др., повышать несущую способность городских агломераций, и содействовать стабильности и получению мигрантами прописки. <...>

III. Главные меры по содействию скоординированному региональному развитию

Надо всесторонне оздоровить механизм скоординированного регионального развития, незамедлительно реализовать соответствующую политику и административные меры.

Во-первых, надо сформировать единый, открытый и упорядоченный в плане конкуренции рынок товаров и элементов производства. Следует реализовать единый «негативный список» доступа на рынок по всей стране, устранить дискриминационные и скрытые региональные рыночные барьеры, исключить административную монополию и решительно избавиться от регионального протекционизма. <...>

Во-вторых, надо как можно быстрей реализовать формирование единого планирования пенсионного страхования по всей стране. Единое планирование пенсионного страхования имеет важное значение для формирования и обеспечения единого общенационального рынка, содействия справедливой конкуренции между предприятиями и свободной миграции трудовых ресурсов. <...>

В-третьих, надо реформировать систему землеустройства и землепользования. Необходимо ускоренными темпами продвинуть реформу системы землеустройства и землепользования и пополнить ресурсы земель, выделенных под застройку в центральных городах и ведущих городских агломерациях. Исходя из предпосылок того, что в основном завершены планирование территории государства и подтверждение прав и передачи соответствующих документов в отношении деревенских земель, правительства провинциального уровня должны в большей степени координировать и отвечать за использование земельных квот, отведённой для городской и сельской застройки. Необходимо предоставить больше пространства развития районам, обладающим соответствующими для этого возможностями.

В-четвёртых, надо совершенствовать систему повышенного контроля за потреблением энергоресурсов. Двойной контроль над общим объёмом и интенсивностью использования энергии играет активную роль в экономии энергетических ресурсов и решительной борьбе за профилактику загрязнения. <...>

В-пятых, необходимо создать комплексный механизм компенсации экологического ущерба. Следует оздоровить межрайонный механизм компенсации интересов и создать благоприятную обстановку, при которой выгодополучатели оплачивают расходы, а защитники экологии получают справедливую компенсацию. Следует оздоровить вертикальную модель компенсации экологического ущерба, увеличить динамику компенсации в сфере лесопользования, использования степей, заболоченных земель и районов, имеющих ключевые экологические функции. <...>

В-шестых, надо совершенствовать систему финансовых транзитных платежей. Следует совершенствовать финансовую систему и рационально определить удельный вес центральных расходов в модели расходов. Необходимо предоставить эффективное распределение средств для районов, имеющих важные экологические функции, главных районов производства сельскохозяйственной продукции и малообеспеченных районов. <...>

IV. Продвижение всестороннего возрождения Северо-Востока Китая

Северо-восточная часть Китая является важной промышленной и сельскохозяйственной базой страны, занимает важную стратегическую позицию в обеспечении безопасности национальной обороны, продовольственной безопасности, экологической безопасности, энергетической безопасности и промышленной безопасности. После XVIII съезда КПК я последовательно 5 раз инспектировал Северо-Восток и дважды созывал специализированные совещания. Далее, в частности в период «14-й пятилетки» (2021-2025 гг.) необходимо предпринять новые стратегические меры для продвижения всестороннего возрождения Северо-Восточного Китая.

Северо-восточный регион имеет хорошие базисные условия для создания модернизированной экономической системы. Всестороннее возрождение не означает, что надо проводить бессистемную поддержку нестабильных производств и предприятий, наоборот, следует эффективно интегрировать ресурсы, активно регулировать структуру экономики и формировать новую индустриальную структуру, характеризующуюся сбалансированным развитием. Надо усилить техническую реконструкцию традиционной обрабатывающей промышленности, уметь максимально эффективно использовать достоинства и минимизировать недостатки, развивать новые технологии, новые отрасли производства и новые модели, и культивировать новые точки роста, такие как профилактическое лечение, уход за пожилыми людьми, туризм и досуг, культурные развлечения и др. Надо содействовать трансформации развития районов, где истощаются природные ресурсы, ускорять культивацию продолжительных и альтернативных видов промысла и удлинять производственную цепочку. Следует увеличить объёмы капиталовложений в инновации и придать новый импульс диверсифицированному промышленному развитию.

<...>

Новые слова

плани́рование 布局

высококáчественный 高质量的

региона́льный 区域的

анализи́ровать несов. и сов. *что* 分析研究 || 完成体也用проанализи́ровать

ориентáция 〈文语〉方向

анало́г 相似现象

претерпева́ть несов. // претерпе́ть сов. *кого-что* 经历

регули́рование 处理

оптимизи́ровать несов. и сов. *что* 使最优化

после́довательно 相继

интеграцио́нный 一体化的

агломера́ция 集群

приспособля́ться несов. // приспосо́биться сов. *к чему* 适应

координи́ровать несов. // скоордини́ровать сов. *что* и́ли *что с чем* 使协调一致

своди́ться несов. // свести́сь сов. *к чему* （问题、实质）在于······

высокоэффекти́вный 高效的

концентри́рование 集中

дина́мика 〈文语〉进程

приорите́тный 优先的

демографи́ческий 人口的

сплочённость 团结

администри́рование 治理

классифика́ция 划分

дифференци́рованный 差异化的

уязви́мый 脆弱的

а́дресный 针对的

де́йственный 有效的

гаранти́ровать несов. и сов. *что* 保障

равноме́рный 均衡的

беспрепя́тственность 通达

инфраструкту́ра 基础设施

сопу́тствующий 配套的

пропи́ска 户籍

трансфе́ртный 转移的

платёж 支付

мигра́нт 迁移人口

формирова́ть несов. // сформирова́ть сов. *что* 建设

негати́вный 负面的

дискриминацио́нный 歧视性的

монопо́лия 垄断

избавля́ться несов. // изба́виться сов. *от кого́-чего́* 破除

страхова́ние 保险

общенациона́льный 全国的

землеустро́йство 土地管理

застро́йка 建设

предпосы́лка 前提

кво́та 定额

профила́ктика 防治

загрязне́ние 污染

компенса́ция 补偿

оздоровля́ть несов. // оздорови́ть сов. *что* 使健全

выгодополуча́тель 受益人

заболо́ченный 沼泽化的

транзи́тный 转移的

уде́льный 比率的

малообеспе́ченный 困难的

инспекти́ровать несов. // проинспекти́ровать сов. *что* 调研

созыва́ть несов. // созва́ть сов. *что* 召开

специализи́рованный 专题的

реконстру́кция 改造

культиви́ровать несов. // прокультиви́роватьсов. *что* 培育

истоща́ться несов. // истощи́ться сов. 枯竭

капиталовложе́ние 投资

и́мпульс 动力

диверсифици́рованный 多元的

Работа над текстом

1 В следующей таблице представлен план текста. Заполните пробелы, чтобы его завершить.

Новые требования в сфере скоординированного регионального развития заключаются в следующем:	• Во-первых, _____. • Во-вторых, _____. • В-третьих, _____. • В-четвёртых, _____.
Чтобы содействовать скоординированному региональному развитию, необходимо предпринять следующие меры:	• Во-первых, _____. • Во-вторых, _____. • В-третьих, _____. • В-четвёртых, _____. • В-пятых, _____. • В-шестых, _____.

2 Ответьте на следующие вопросы по содержанию текста.

1. Почему необходимо модернизировать региональную политику в нашей стране?

2. В чём заключается общая идея о содействии скоординированному региональному развитию в условиях новой обстановки?

3. Каким образом нужно выявлять и реализовывать относительные преимущества скоординированного регионального развития?

4. Какие конкретные меры надо принять, чтобы совершенствовать общее администрирование пространства?

5. Каково главное требование скоординированного регионального развития?

6. Как правильно проводить реконструкцию системы землеустройства и землепользования?

7. Почему продвижению всестороннего возрождения Северо-Восточного Китая уделяется повышенное внимание в процессе формирования регионального экономического планирования?

3 Выполните следующее задание.

Высококачественное развитие – это, по сути, развитие, воплощающее новые концепции развития. В «Предложениях ЦК КПК по разработке 13-го пятилетнего плана народнохозяйственного и социального развития» впервые были выдвинуты пять концепций развития: инновационное, согласованное, зелёное, открытое и общедоступное развитие. Строительство района «Большого залива» Гуандун-Сянган-Аомэнь и зимние Олимпийские игры 2022 в Пекине – все это яркие примеры новых концепций развития.

Найдите в интернете соответствующую информацию и подготовьте небольшое сообщение на 3-5 минут.

Речевые упражнения

Парк «Шоуган», Пекин

1 **Переведите следующие словосочетания на русский язык.**

1. 社会主义基本经济制度
2. 新发展理念
3. 供给侧结构性改革
4. 高质量发展
5. 空间治理

2 **Переведите следующие предложения на китайский язык.**

1. Китай намерен повышать уровень открытости экономики в ещё больших масштабах, расширяя и углубляя сферы открытости.

2. Как предоставить рынку решающую роль в распределении ресурсов, а правительству при этом лучше исполнять свои функции – это большая тема, как теоретическая, так и практическая.

3. Модернизированная экономическая система – это органическое целое, состоящее из взаимных отношений и внутренних связей между разными звеньями, уровнями и сферами социально-экономической деятельности.

4. Мы подчёркиваем, что следует развивать, укреплять общественную собственность, и это не противоречит поощрению, поддержке и направлению

развития необщественного сектора экономики. Вместе они образуют органическую целостность.

5. Опора на собственные силы – это основа борьбы, с помощью которой китайская нация сможет укрепиться в ряду передовых мировых держав, а самостоятельные инновации – это необходимый путь, двигаясь по которому, мы сможем штурмовать вершины мировой науки и техники.

6. Сохранение и совершенствование базовой экономической системы, характеризующейся параллельным развитием различных форм собственности с упором на общественный сектор, – это упрочение и развитие главной опоры социалистического строя с китайской спецификой.

3 **Прочитайте предложения. Выберите подходящие глаголы и поставьте их в пропуски в нужной форме.**

наблюдаться	устранить	порождать	исключить
возникать	осуществлять	создать	ускорять
содействовать	изменять		

1. _____ явная тенденция концентрации экономики и населения в крупных городах и городских агломерациях.

2. Неравномерность является повсеместной, поэтому надо в процессе развития _____ относительному балансу.

3. Необходимо _____ препятствия в движении ресурсов, чтобы рынок смог играть решающую роль в их распределении.

4. Ныне отмечается благоприятная обстановка для регионального развития в нашей стране, но, в то же время, _____ некоторые новые обстоятельства и новые проблемы.

5. Китайская экономика переходит от высоких темпов роста к высококачественному развитию, что _____ новые требования в сфере скоординированного регионального развития.

6. Очевидно, что Пекин, Шанхай и другие мегаполисы должны на основе учёта ресурсов и функциональной локализации рационально _____ контроль над ростом численности населения.

7. Надо посредством информатизации _____ удобную и высокоэффективную платформу общественных услуг, чтобы представить возможности для движения трудовых ресурсов по всей стране.

8. Что касается открытости, государство должно задавать конкретные курсы, но, самое важное всё же заключается в том, что северо-восточный район должен самостоятельно меняться, _____ подход и смело действовать.

9. Следует _____ трансформацию правительственных функций, существенно сокращать прямое распределение правительством ресурсов, усиливать контроль различных процессов и после их завершения создавать условия для развития рынка.

10. Для содействия получению прописки перемещающегося населения, необходимо _____ формализм, серьёзно взяться за практическую деятельность и должным образом обеспечить гражданам смену места жительства и получение прописки.

Дополнительное чтение

Составьте сжатое изложение по содержанию текста и озаглавьте его. (не менее 120 слов)

Власти КНР, не отказываясь от рыночных механизмов, взяли курс на усиление роли государства. Было принято несколько новых государственных программ развития для столичного региона, дельты реки Янцзы, дельты реки Чжуцзян, экономического пояса реки Янцзы и провинции Хайнань.

Стратегия скоординированного развития столичного региона выдвинута в 2014 г., её территориальный охват – Пекин, Тяньцзинь и Хэбэй. Основное содержание – интенсивное развитие провинции Хэбэй за счёт перевода из Пекина ряда предприятий промышленности, оптовой торговли, складских и логистических центров. В рамках этой стратегии действует нацпрограмма развития нового района национального уровня Сюнъань (провинция Хэбэй). Сюнъань позиционируется как «северный ответ» Специальной экономической зоны Шэньчжэнь и шанхайского нового района Пудун, как северный район с самыми современными условиями для жизни.

Программа реализации стратегии развития экономического пояса вдоль реки Янцзы

（《长江经济带发展规划纲要》）, принятая в 2016 г., охватывает огромную территорию, на которую приходится более 40% ВРП всего КНР. Программа делает упор на улучшение экологической обстановки и развитие новых центров роста. Река Янцзы протекает через западные, центральные и восточные районы страны, что открывает дополнительные возможности для межрегионального сотрудничества.

В докладе о работе правительства Китая за 2016-й год впервые была предложена реализация плана развития района «Большого залива» Гуандун-Сянган-Аомэнь. В программе участвуют ОАР Сянган и Аомэнь и 9 городских округов провинции Гуандун. Её задача – развитие инфраструктуры региона, строительство транспортных объектов, а также поиск путей «бесшовной» интеграции экономики Сянгана и Аомэня в экономику материковой части Китая.

В ходе визита в провинцию Хайнань в апреле 2018 г. председатель Си Цзиньпин объявил, что ЦК КПК принял решение создать на Хайнане пилотную зону свободной торговли и проработать соответствующие меры поддержки. К 2025 г. в Порту свободной торговли Хайнань будет завершена операция по закрытию таможни по всему острову, и импортные товары, не входящие в каталог налогооблагаемых товаров, будут освобождены от ввозных пошлин. Другие направления развития провинции – модернизация инфраструктуры, привлечение специалистов, развитие транспорта, туризма, сферы услуг.

Китай:
история
успеха

Выполните следующую работу в группах.

1. Найдите информацию об опыте Китая в сфере скоординированного регионального экономического развития и напишите по этой теме сочинение. (не менее 150 слов)

2. Подготовьте 5-8-минутную групповую презентацию с конкретными мерами по формированию региональных центров экономического развития.

Новый район Сюнъань, пров. Хэбэй

Китайская мудрость

**Запомните следующее древнее высказывание. Подумайте, какое
актуальное значение оно имеет в современном мире.**

有上则有下，有此则有彼。

«Где есть верх, там есть и низ; где есть одна сторона, там есть
и другая».

——北宋程颐《周易程氏传 · 贲》

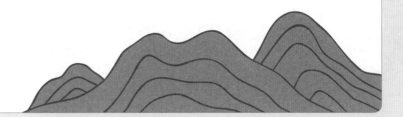

Для самостоятельного чтения

1. «Более глубокое понимание новых концепций развития»《深入理解新发展理念》
   «Си Цзиньпин о государственном управлении II» стр. 286-314
   《习近平谈治国理政》第二卷，第 201—218 页

2. «Неуклонно отстаивать основную экономическую систему нашей страны,
   продвигать вперёд здоровое развитие экономики всех форм собственности»
   《毫不动摇坚持我国基本经济制度，推动各种所有制经济健康发展》
   «Си Цзиньпин о государственном управлении II» стр. 372-387
   《习近平谈治国理政》第二卷，第 257—266 页

3. «Экономика нашей страны перешла от высоких темпов роста к
   высококачественному развитию»《我国经济已由高速增长阶段转向高质量发展
   阶段》
   «Си Цзиньпин о государственном управлении III» стр. 353-357
   《习近平谈治国理政》第三卷，第 237—239 页

4

Народная демократия во всём

Реализация чаяний народа о прекрасной жизни – это цель нашей борьбы.

Си Цзиньпин, выступление на встрече членов Постоянного Комитета Политбюро ЦК КПК 18-го созыва с китайскими и зарубежными корреспондентами,

15 ноября 2012 г.

Всеобщая зажиточность – один из основополагающих принципов социализма с китайской спецификой, отсюда следует, что плоды развития должны в большей степени и ещё более справедливым образом стать общим достоянием всего народа, чтобы наше общество могло двигаться по пути ко всеобщей зажиточности.

Си Цзиньпин, выступление на 1-м коллективном семинаре Политбюро ЦК КПК 18-го созыва,

17 ноября 2012 г.

Вступительное слово

В Китае вся власть в государстве принадлежит народу. Именно поэтому принцип народовластия, утверждающий статус народа как хозяина страны, лёг в основу одной из основных стратегий развития социализма с китайской спецификой в новую эпоху. В докладе на XIX съезде КПК подчёркивается, что органическое единство принципов руководства со стороны КПК, статуса народа как хозяина страны и верховенства закона в государственном управлении является необходимым требованием социалистического политического развития. Мы должны поддерживать политический путь социализма с китайской спецификой, неуклонно улучшая систему собраний народных представителей, систему многопартийного сотрудничества и политических консультаций под руководством Коммунистической партии Китая, систему национальной региональной автономии и систему самоуправления на низовом уровне, консолидировать и развивать самый широкий патриотический единый фронт. Мы должны развивать социалистическую консультативную демократию, совершенствовать демократическую систему, обогащать её формы и расширять каналы демократии, добиваясь верховенства принципа «народ – хозяин страны» в политической и общественной жизни. Тезис о необходимости утверждать статус народа как хозяина страны демонстрирует, что социалистическая демократия Китая является массовой, подлинной и эффективной демократией, защищающей фундаментальные интересы народа.

Текст, предлагаемый в этом уроке, представляет собой отрывок из выступления председателя Си Цзиньпина на торжественном собрании, посвящённом 60-летию образования Всекитайского собрания народных представителей (5 сентября 2014 г.).

Предтекстовые задания

Делегаты 5-й сессии ВСНП 13-го созыва

1 Прочитайте три следующих микротекста и расскажите, какие демократические институты в политической системе социализма с китайской спецификой описываются в них.

Собрания народных представителей и их постоянные комитеты в полной мере развивают демократию, выслушивают мнения различных сторон, представляют и выражают волю и коренные интересы народа. Они принимают законопроекты и предложения только абсолютным большинством, т. е. при согласии более чем половины членов состава. Поправки к Конституции КНР должны предлагаться ПК ВСНП или более одной пятой депутатов ВСНП и приниматься более чем двумя третями голосов всех депутатов.

Институт политических консультаций есть возглавляемый КПК институт консультаций с представителями демократических партий, народных организаций, различных национальностей и общественных кругов по важным вопросам государственной политики, а также другим важным политическим, хозяйственным, культурным и общественным вопросам до принятия по ним решений, а также в ходе исполнения этих решений.

Расширение низовой демократии является необходимой тенденцией и важным фундаментом совершенствования и развития социалистической демократии с китайской спецификой. По мере развития Китая и его продвижения вперёд неуклонно расширяется низовая демократия в городах и сёлах страны, умножаются каналы упорядоченного участия граждан в государственных делах, с каждым днём обогащаются формы реализации демократии.

Укрепление уверенности в политическом строе социализма с китайской спецификой

<...>

В мире не существует совершенно одинаковых политических систем, как не существует модели политической системы, применимой ко всем странам без исключения. «Все вещи в мире отличаются друг от друга, и в этом их суть». Реалии разных стран различны, политическая система каждой страны уникальна, и её выбирает народ данной страны. Политическая система того или иного государства складывается на основе исторических и культурных традиций, а также социально-экономического развития этой страны, является результатом длительного развития, постепенных преобразований и имманентной эволюции. Политическая система социализма с китайской спецификой потому и существует, обладает жизнеспособностью и эффективностью, что она выросла на социальной почве Китая. И сегодня, как и в прошлом, эта система произрастает на почве нашего общества. И в будущем, если мы хотим, чтобы она росла и крепла, её корни должны уходить вглубь китайского общества.

<...>

Форма государства в Китае – демократическая диктатура народа, руководимая рабочим классом и основанная на союзе рабочих и крестьян. Форма государственного правления – институт собраний народных представителей, институт многопартийного сотрудничества и политических консультаций, функционирующий под руководством КПК, институты национальной районной автономии и низового народного самоуправления. Всё это имеет яркую китайскую специфику. Этот комплект институтов способен эффективно обеспечить народу пользование более широкими и полными правами и свободами, широкое участие в управлении государством и обществом. Наш комплект институтов способен эффективно регулировать государственные политические отношения; развивать жизнедеятельные межпартийные, межнациональные, межрелигиозные отношения; отношения между различными слоями общества; между соотечественниками в стране и за её пределами; увеличивать силу национального притяжения, создавать политическую обстановку стабильности и сплочённости; концентрировать все силы для крупных дел; эффективно способствовать освобождению и развитию общественных производительных сил. Наши институты стимулируют развитие современного строительства во всех сферах, а также непрерывное повышение качества и уровня жизни народа; эффективно защищают независимость и самостоятельность страны; позволяют отстаивать суверенитет, безопасность и интересы развития государства, охранять благосостояние китайского народа и китайской нации.

За прошедшие более чем три десятка лет после начала реформ и открытости экономическая мощь Китая, его совокупная государственная мощь и уровень народного благосостояния поднимались на всё новую и новую ступень. На пути продвижения вперёд мы преодолевали небывалые трудности и препятствия. Народы различных национальностей Китая совместно вели длительную солидарную борьбу ради общего процветания и развития. На протяжении длительного времени в нашей стране сохраняются социальная гармония и стабильность. Все эти факты в полной мере свидетельствуют о том, что политическая система социалистической демократии в Китае обладает могучей жизненной силой. Путь развития социалистической политики с китайской спецификой является правильным путём, соответствующим реалиям Китая и обеспечивающим положение народа как хозяина страны.

Политическая система государства определяется его социально-экономической основой и вместе с тем оказывает обратное воздействие на социально-экономическую основу данного государства, и даже играет решающую роль. Среди всех систем страны политическая система представляет собой ключевое звено. Поэтому для укрепления уверенности в социализме с китайской спецификой, прежде всего, необходимо укрепить уверенность в политической системе социализма с китайской спецификой, укрепить уверенность и решимость идти по пути развития социалистической политики с китайской спецификой.

Такое новое явление как социалистическая демократия с китайской спецификой – хорошее достижение. Конечно, это не значит, что китайская политическая система идеальна и непогрешима, что она уже не требует совершенствования и развития. Уверенность в правильности системы не означает самохвальства, самодовольства и, тем более, топтания на месте и замыкания в своей скорлупе. А из этого вытекает, что надо соединять укрепление уверенности в нашей системе с непрерывным проведением реформ и инноваций. На основе нашей коренной, базовой политической системы, следует шаг за шагом совершенствовать и развивать соответствующую систему институтов. Мы считаем, что строительство демократии и законности в нашей стране ещё не вполне отвечает необходимости расширения народной демократии, требованиям социально-экономического развития. В политической системе социалистической демократии, в её механизмах, процедурах, регламентах, а также в конкретном функционировании ещё имеются недоработки. Существуют некоторые недостатки и в обеспечении демократических прав народа, развёртывании его творческой инициативы. Их следует устранить. В ходе всестороннего углубления реформ необходимо активно и продуманно продвигать реформу политической системы, шаг за шагом формировать социалистическую политическую культуру. При этом роль народа как хозяина страны рассматривается в качестве фундамента, а укрепление жизнеспособности партии и страны, повышение активности народа – в качестве цели.

Развитие политического строя социалистической демократии – одно из настоятельных требований модернизации системы государственного управления и обновления управленческих функций. 3-й пленум ЦК КПК 18-го созыва выдвинул нашу основную цель – всестороннее углубление реформ, направленных на усовершенствование и развитие социалистического строя с китайской спецификой, модернизацию системы государственного управления и управленческих компетенций. Это единая формулировка, состоящая из двух частей. Первая часть указывает основное направление движения – путь социализма с китайской спецификой, а не какие-либо другие пути. Вторая часть даёт чёткую ориентировку – двигаясь в указанном направлении, совершенствовать и развивать социалистический строй с китайской спецификой. В законченной формулировке должны присутствовать обе части.

Ключом к развитию политического строя социалистической демократии является увеличение и расширение наших преимуществ и специфических особенностей, а не их ослабление и уменьшение. Важно твёрдо сохранять роль партии как руководящего ядра, владеющего всей обстановкой в целом и координирующего деятельность всех сторон. Следует поднимать уровень нашей партии в управлении государством на научной, демократической и правовой основе, чтобы партия нацеливала народ на эффективное участие в государственных делах. Важно не допустить «потерю стаей драконов вожака», не допустить разобщённости и разброда. Вся власть у нас в стране принадлежит народу, это значит, что нужно, с одной стороны, обеспечить участие народа в демократических выборах, а, с другой стороны, обеспечить народу законное право на участие в выработке решений демократическим путём, право на участие в демократическом управлении и демократическом контроле. Давать бесконечные обещания во время выборов, а после выборов выбрасывать их из головы – это совершенно недопустимо. Необходимо сохранять и совершенствовать институт многопартийного сотрудничества и политических консультаций, функционирующий под руководством КПК. Важно усиливать сотрудничество и координацию всех сил общества, по-деловому предотвращать такие явления, как внутрипартийная борьба и взаимные склоки. Надо сохранять и совершенствовать институт национальной районной автономии, крепить и развивать социалистические межнациональные отношения равенства, сплочённости, взаимопомощи и гармонии, способствовать мирному и дружественному сосуществованию, полному единению и гармоничному развитию всех национальностей. Следует предотвращать такие явления, как национальная рознь и национальные конфликты. Надо сохранять и совершенствовать институт низового народного самоуправления, развивать низовую демократию, обеспечивать народу непосредственное осуществление демократических прав согласно законам. Недопустимо, чтобы народ формально имел права, а на деле находился в бесправии. Нужно сохранять и совершенствовать систему и принципы демократического централизма, помогать различным государственным органам повышать свою компетентность и эффективность, усиливать координацию и согласованность действий. Нужно создать мощную единую силу в государственном управлении, чтобы не ставили друг другу палки в колёса, чтобы сами не истощали внутренний потенциал.

Одним словом, нам надо неуклонно продвигать институционализацию, регламентацию и процессуализацию политического строя социалистической демократии, развивать преимущества политического строя социализма с китайской спецификой. Такая институциональная гарантия будет способствовать развитию и процветанию государства, стабильности в партии и стране.

Новые слова

преобразова́ние 改革

иммане́нтный 内在的

жизнеспосо́бность 生命力

эффекти́вность 效率

произраста́ть несов. // произрасти́ сов. 〈文语〉生长

правле́ние 执政

функциони́ровать несов. 起作用

институ́т 制度

низово́й 基层的

самоуправле́ние 自治

жизнеде́ятельный 充满活力的

межрелигио́зный 各宗教之间的

соотéчественник 同胞

притяже́ние 凝聚力

стимули́ровать несов. и сов. кого́-что 促进

суверените́т 主权

мощь 实力

совоку́пный 综合的

небыва́лый 世所罕见的

процвета́ние 繁荣

возде́йствие 作用

непогреши́мый 〈文语〉绝对正确的

соверше́нствование 完善

самохва́льство 自视清高

самодово́льство 自我满足

топта́ние 裹足不前

замыка́ние 封闭

скорлупа́ 束缚

вытека́ть несов. // вы́течь сов. *кого́-что* 由此可见

процеду́ра 程序

регла́мент 规范

недорабо́тка 不完善的地方

проду́манно 深思熟虑地

созы́в 届

компете́нция 能力

ориенти́ровка 指向

зако́нченный 完整的

наце́ливать несов. // наце́лить сов. *кого́-что* 指定方向

драко́н 龙

вожа́к 禽兽群中之首

разобщённость 分离

разбро́д 分散

недопусти́мо 不能容忍地

предотвраща́ть несов. // предотврати́ть сов. *что* 防止

скло́ка 倾轧

рознь 隔阂

конфли́кт 冲突，矛盾

неукло́нно 不断地

процессуализа́ция 程序化

Работа над текстом

1 Выберите подходящее продолжение для каждого из предложений.

Форма государства в Китае – это _____.	A. демократическая диктатура народа, руководимая рабочим классом и основанная на союзе рабочих и крестьян
Форма государственного правления в Китае – это _____.	B. усовершенствование и развитие социалистического строя с китайской спецификой
3-й пленум ЦК КПК 18-го созыва выдвинул нашу основную цель – всестороннее углубление реформ, направленных на _____, _____.	C. модернизацию системы государственного управления и управленческих компетенций
	D. институт собраний народных представителей

2 Ответьте на следующие вопросы по содержанию текста.

1. Как вы понимаете китайский афоризм «Все вещи в мире отличаются друг от друга, и в этом их суть»? Какое значение он имеет в этом тексте?

2. Что является предпосылкой жизнеспособности и эффективности политической системы социализма с китайской спецификой?

3. Какие изменения произошли в Китае после начала реформ и открытости?

4. О чём свидетельствуют заметные перемены с момента проведения политики реформ и открытости в Китае?

5. Какое взаимодействие наблюдается между политической системой государства и его социально-экономической основой?

6. Какой фактор играет решающую роль в укреплении уверенности в политической системе социализма с китайской спецификой?

7. Почему необходимы реформы и инновации в ходе строительства политической системы социализма с китайской спецификой?

3 **Выполните следующее задание.**

«Две сессии» (ежегодные заседания ВСНП и ВК НПКСК) являются окном для наблюдения за демократической политикой Китая. Во время «двух сессий» есть «Три прохода»: проход министров, проход представителей ВСНП и проход членов ВК НПКСК. «Три прохода» – это яркая практика социалистической демократической политики, которая позволяет народной массе непосредственно почувствовать атмосферу консультативной демократии, в которой «общее дело обсуждают вместе, совместное деяние обсуждают и решают сообща».

Найдите в интернете информацию о более или менее широкомасштабных проблемах, связанных с национальной экономикой и благосостоянием народа, на которые отреагировали «Три прохода». Выберите одну или две из интересующих вас тем и подготовьте небольшое сообщение на 3-5 минут.

Речевые упражнения

1 **Переведите следующие словосочетания на русский язык.**

1. 社会主要矛盾
2. 坚持以人民为中心的发展思想
3. 全体人民共同富裕
4. 形成公平竞争的发展环境
5. 增强经济社会发展活力
6. 实现社会公平正义
7. 促进社会和谐稳定
8. 推进国家治理体系和治理能力现代化
9. 发挥中国特色社会主义政治制度的优越性

2 **Переведите следующие предложения на китайский язык.**

1. КПК остаётся с народом – в этом заключается коренная политическая позиция

нашей партии, и в этом заметное отличие марксистских партий от других политических партий.

2. Изменение в основном противоречии китайского общества является исторической переменой, касающейся общей обстановки в целом, и это обстоятельство предъявляет к работе партии и государства немало новых требований.

3. Со временем вступления социализма с китайской спецификой в новую эпоху противоречие между постоянно растущими потребностями народа в прекрасной жизни и неравномерностью и неполнотой развития уже стало основным противоречием в китайском обществе.

4. На 3-м пленуме ЦК КПК 18-созыва был озвучен общий план всестороннего углубления реформ, разработаны «дорожная карта» и график работы, которые предусматривают проведение более 330 крупных реформаторских мероприятий по 15 направлениям.

5. Уже прозвучал боевой горн, зовущий нас к продолжению реформ! Наша цель, в общем и целом, – совершенствовать и развивать социалистический строй с китайской спецификой, модернизировать систему государственного управления и управленческие компетенции.

6. Система государственного управления и управленческие компетенции являются сконцентрированным отражением всей государственной системы страны и способностей практической реализации этой системы. Эти два фактора взаимосвязаны и дополняют друг друга.

3 **Прочитайте предложения. Выберите подходящие глаголы и поставьте их в пропуски в нужной форме.**

обеспечить	наслаждаться	представлять	сохранять
идти	войти	выйти	стоять
решать	действовать		

1. Наша партия _____ из народа, уходит корнями в народ и служит народу, отрыв от масс непременно приведёт партию к утрате жизненных сил.

2. Размышляя о проблемах, принимая решения и ведя дела, нам надо всегда _____ на позиции народных масс.

3. Китайский народ с древних времён понимал, что в мире нет ничего готового, и чтобы _____ жизнью, нужно бороться за своё счастье.

4. Консультативная демократия прочно и глубоко _____ в процесс

развития политического строя социалистической демократии Китая.

5. Народная демократия, осуществляемая народом под руководством КПК, преследует цель _____ положение народа как хозяина страны и поддерживать этот его статус.

6. Беззаветно служить народу и всегда _____ коренные интересы самых широких народных масс – такова важная предпосылка, основа осуществления и развития консультативной демократии.

7. Вся история развития КПК и КНР нам показывает, что они добились успехов именно потому, что всегда сохраняли и _____ кровную связь с народными массами и представляют коренные интересы самых широких слоёв народа.

8. Нам необходимо настойчиво _____ стратегическую задачу по продвижению и развитию институционализации многоуровневой консультативной демократии с широким представительским участием.

9. Реформа – это длительная последовательная работа. Тут нужна смелость, чтобы _____ на прорыв, но нужна и последовательность, чтобы шаг за шагом уверенно двигаться вперёд, полностью обеспечивая выполнение реформаторских задач.

10. Чем глубже реформы, тем важнее _____ с повышенным чувством ответственности, работать напористо и уверенно, стремиться двигаться вперёд без остановок и малейшей расслабленности.

Дополнительное чтение

Составьте сжатое изложение по содержанию текста и озаглавьте его. (не менее 120 слов)

Шэнь Цзилань родилась в декабре 1929 г. в провинции Шаньси. Уже в 1946 году она включилась в активную общественную деятельность. Вступив в Коммунистическую партию Китая в 1953 году, она уже на следующий год в 25-летнем возрасте была избрана народным представителем на первой сессии ВСНП. В этом статусе она прослужила Родине до своих последних дней, избираясь во все 13 созывов ВСНП.

Свою деятельность в статусе депутата ВСНП Шэнь Цзилань посвятила решению самых разных вопросов, прежде всего, связанных с сельским хозяйством. Кроме того, она работала над совершенствованием Конституции КНР и над другими важными проектами. Одной из её главных задач была борьба за трудовые права женщин, в том числе, на селе и на руководящих должностях.

Большую часть времени депутат проводила на местах, в одном строю с простыми сельскими тружениками. Шэнь Цзилань активно включилась в процессы, начатые в конце 70-х годов и получившие название «политика реформ и открытости». Воспользовавшись новыми возможностями, депутат инициировала ряд законов, которые принципиально изменили жизнь аграриев. При этом она лично руководила проектами, уделяя особое внимание вопросам охраны окружающей среды, а также обеспечению высокого качества выпускаемой продукции.

Трудившиеся с Шэнь Цзилань плечом к плечу селяне вспоминают о её чрезвычайной скромности. Она, как утверждают, ни копейки не получила от доходов, которые приносили созданные с её помощью сельские предприятия.

Эти личные качества Шэнь Цзилань не остались незамеченными. В 2018 году она была удостоена почётного звания «Пионера реформ», а в 2019 году стала одним из первых кавалеров Ордена Республики, учреждённого в 2016 году в качестве высшей государственной награды КНР. Приказ о награждении подписал председатель Си Цзиньпин.

Китай:
история
успеха

Выполните следующую работу в группах.

1. Найдите информацию о том, что китайский народ стал хозяином страны на разных уровнях и напишите по этой теме сочинение. (не менее 150 слов)

2. Подготовьте 5-8-минутную групповую презентацию с примерами, связанными с найденной вами информацией.

Мобильная платформа НПКСК, Хуайань, пров. Цзянсу

Китайская мудрость

Запомните следующее древнее высказывание. Подумайте, какое актуальное значение оно имеет в современном мире.

橘生淮南则为橘，生于淮北则为枳。

К югу от реки Хуайхэ мандарин вырастет сладким, а посадишь его на севере, вырастет горьким.

——《晏子春秋·内篇杂下》

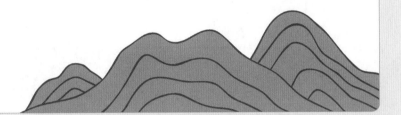

Для самостоятельного чтения

1. «Пояснение к постановлению ЦК КПК "Относительно некоторых важных вопросов всестороннего углубления реформ"» 《关于〈中共中央关于全面深化改革若干重大问题的决定〉的说明》
«Си Цзиньпин о государственном управлении I» стр. 97-127
《习近平谈治国理政》第一卷，第 70—89 页

2. «Чтобы народные массы чаще испытывали чувство обретения» 《让人民群众有更多获得感》
«Си Цзиньпин о государственном управлении II» стр. 140-142
《习近平谈治国理政》第二卷，第 102—103 页

3. «Стимулировать широкое, многоярусное и институциональное развитие консультативной демократии» 《推进协商民主广泛多层制度化发展》
«Си Цзиньпин о государственном управлении II» стр. 424-435
《习近平谈治国理政》第二卷，第 291—298 页

5

Урок

Равноправное и справедливое общество

Конституция является основным законом государства, генеральным уставом в управлении страной и обеспечении её стабильности. Она обладает верховным правовым статусом, юридическим авторитетом и юридической силой, носит базовый, глобальный, устойчивый и долгосрочный характер.

Си Цзиньпин, выступление на собрании представителей общественных кругов Пекина по случаю тридцатилетия со дня опубликования и вступления в силу действующей Конституции,

4 декабря 2012 г.

Требования отражать интересы народа, выражать желания народа, защищать права народа и повышать уровень благосостояния народа следует реализовывать во всём процессе правового государственного управления, чтобы законы и их исполнение в полной мере воплощали волю народа.

Си Цзиньпин, выступление на 2-м пленарном заседании 4-го пленума ЦК КПК 18-го созыва,

23 октября 2014 г.

Вступительное слово

Управление государством на правовой основе – это базовая установка КПК в управлении государством. На 4-м пленуме ЦК КПК 18-го созыва, проходившем с 20 по 23 октября 2014 г., были разработаны новые шаги по «всестороннему обеспечению верховенства закона в государственном управлении». Главная цель этих шагов заключается в том, чтобы создать социалистическую правовую систему с китайской спецификой и построить социалистическое правовое государство. Для осуществления этой цели необходимо сформировать целостную систему правовых норм, эффективную систему осуществления верховенства закона, строгую систему надзора за верховенством закона, сильную систему обеспечения верховенства закона и надёжную систему внутрипартийных правил и инструкций. В процессе всестороннего управления государством на правовой основе нужно, в первую очередь, поставить на законодательный фундамент государственное управление, осуществление властных прав и ведение административной деятельности. Кроме того, необходимо связать воедино создание правового государства, правового правительства и правового общества. Нужно строго придерживаться всестороннего продвижения научного законотворчества, строгого правоприменения, справедливого правосудия и общенародного соблюдения закона. В настоящее время, когда Китаю предстоит решить беспрецедентно тяжёлые задачи в области реформ, развития и стабильности, противостоять небывалому количеству противоречий, рисков и вызовов, мы в своей работе, как никогда, нуждаемся в правовом мышлении и правовых методах разрешения проблем и должны во всём опираться на ведущую роль закона как высшей нормы.

Текст, предлагаемый в этом уроке, представляет собой отрывок из выступления председателя Си Цзиньпина на 1-м заседании Комиссии ЦК КПК по всестороннему обеспечению верховенства закона в государственном управлении (24 августа 2018 г.).

75

Предтекстовые задания

1 **Прочитайте три следующих микротекста и расскажите, какой аспект новых концепций, идей и стратегий, нацеленных на всестороннее обеспечение верховенства закона в государственном управлении, раскрывает каждый из них.**

Во всестороннем продвижении правового государственного управления необходимо исходить из действительности нашей страны, коррелируя эти действия с модернизацией системы государственного управления и обновлением соответствующих компетенций.

Руководящие работники должны подавать пример уважения к закону, изучения, соблюдения и применения законоположений и вести за собой всех членов партии и всю страну, непрерывно добиваясь новых успехов в строительстве социалистической системы законности с китайской спецификой и в строительстве социалистического государства при верховенстве закона.

Отстаивать авторитет Конституции – это значит отстаивать авторитет общей воли партии и народа. Отстаивать достоинство Конституции – это значит отстаивать достоинство общей воли партии и народа.

Неотступно следовать по пути утверждения верховенства закона в условиях социализма с китайской спецификой

<...>

После XVIII съезда КПК нами выдвинут ряд новых концепций, новых идей и новых стратегий для всестороннего обеспечения верховенства закона в государственном управлении, чётко определены руководящая идеология, путь развития, структура работы и ключевые задачи всестороннего обеспечения верховенства закона в государственном управлении. Суммируя вышесказанное, выделяю следующие 10 аспектов.

Во-первых, придерживаться укрепления партийного руководства в управлении государством в соответствии с законом. Партийное руководство является важнейшей гарантией верховенства закона в условиях социализма. Всестороннее обеспечение верховенства закона в государственном управлении означает не ослабление партийного руководства, а его укрепление и совершенствование, постоянное повышение способности партии управлять государством в соответствии с законом, а также укрепление правящего статуса нашей партии. Мы должны придерживаться реализации руководства партии в законотворчестве, обеспечения партией исполнения законов, поддержания партией правосудия и лидерства партии в соблюдении закона, усовершенствовать систему и рабочий механизм партийного руководства в процессе всестороннего обеспечения верховенства закона в государственном управлении, путём правовых процедур сделать претензии партии волей и законом государства, законом обеспечивается эффективное осуществление политики партии и правильное направление всестороннего обеспечения верховенства закона в государственном управлении.

Во-вторых, неотступно сохранять первостепенный статус народа. Строительство верховенства закона должно осуществляться для народа, опираться на народ, приносить пользу народу и защищать народ. Мы должны твёрдо придерживаться стремления к социальному равенству и справедливости как к ценности верховенства закона, стремиться к тому, чтобы народные массы чувствовали справедливость и беспристрастность в каждом институте права, каждом решении правоохранительных органов и каждом судебном деле. Мы должны во всём процессе управления государством в соответствии с законом осуществить воплощение интересов народа, отражение его желаний, защиту его прав и интересов, улучшение его благосостояния, обеспечить управление народом государственными делами, экономическими и культурными начинаниями и социальными делами по различным каналам и формам под руководством партии.

В-третьих, неотступно следовать по пути утверждения верховенства закона в условиях социализма с китайской спецификой. Необходимо содействовать правильному пути всестороннего продвижения управления государством в соответствии с законом, исходя из национальных условий и реальности Китая. Необходимо идти по пути верховенства закона, который ему подходит, ни в коем случае не копировать модели и практики других стран, никогда не следовать пути западного «конституционализма», «разделения властей» и «независимой судебной власти».

В-четвёртых, последовательно строить социалистическую правовую систему с китайской спецификой. Социалистическая правовая система с китайской спецификой – форма правового проявления системы социализма с китайской спецификой. Мы должны овладеть общим пониманием построения социалистической правовой системы с китайской спецификой и стремиться сформировать целостную систему правовых норм, эффективную систему осуществления верховенства закона, строгую систему надзора за верховенством закона, сильную систему обеспечения верховенства закона и надёжную систему внутрипартийных правил и инструкций, постоянно создавать новую ситуацию всестороннего обеспечения верховенства закона в государственном управлении.

В-пятых, необходимо продолжать одновременное обеспечение законности в управлении государством, отправлении государственной власти и исполнении административных функций, продолжать интегрированное создание правового государства, правового правительства и правового общества. Всестороннее обеспечение верховенства закона в государственном управлении – это системный процесс, требующий единого планирования и всестороннего учёта, овладения ключевыми моментами и общим планированием, большого внимания системности, целостности и согласованности. Управление государством в соответствии с законом, отправление государственной власти в соответствии с законом и исполнение административных функций в соответствии с законом – это органическое единство. Ключевым является то, что партия должна придерживаться отправления государственной власти в соответствии с законом, а правительства на всех уровнях должны придерживаться исполнения административных функций в соответствии с законом. Правовое государство, правовое правительство и правовое общество имеют свои собственные предпочтения и взаимно дополняют друг друга, правовое государство – цель построения верховенства закона, правовое правительство – субъект строительства правового государства, правовое общество – основа построения правового государства. <...>

В-шестых, строго придерживаться управления государством на конституционной основе и отправления государственной власти на конституционной основе. Для управления государством в соответствии с законом мы должны изначально придерживаться управления государством на конституционной основе, отправление государственной власти в соответствии с законом должно изначально придерживаться отправления государственной власти на конституционной основе. Под руководством партии народ устанавливает Конституцию и законы, претворяет их в жизнь, партия сама должна действовать в рамках Конституции и законов. Каждый гражданин, общественная организация и государственный орган должны использовать Конституцию и законы в качестве нормы поведения, в соответствии с Конституцией и законами осуществлять права или полномочия, исполнять обязанности или служебные функции, не должны иметь привилегию, превосходящую Конституцию и законы, любые действия, нарушающие Конституцию и законы, должны вести к юридической ответственности.

В-седьмых, строго придерживаться всестороннего продвижения научного законотворчества, строгого правоприменения, справедливого правосудия и общенародного соблюдения закона. Для решения острых противоречий и проблем в области законотворчества, правоприменения, правосудия и соблюдения законов мы должны неуклонно продвигать реформу в сфере верховенства закона. Мы должны крепко взяться за ключевые звенья всестороннего продвижения управления государством в соответствии с законом, совершенствовать законодательную систему и повышать качество законодательства. Необходимо продвигать строгое правоприменение, рационализировать правоохранительную систему, совершенствовать административные правоприменительные процедуры и всесторонне внедрять систему административной ответственности правоохранительных органов. Необходимо оказывать поддержку судебным органам в самостоятельном осуществлении их функций и полномочий в соответствии с законом, совершенствовать институциональные механизмы разделения обязанностей, взаимного сотрудничества и взаимного ограничения судебной власти. Необходимо увеличить динамику популяризации юридических знаний среди всего народа, формировать среду верховенства закона, в которой всё общество действует в соответствии с законом, сталкиваясь с проблемами обращается к закону, решает проблему при помощи закона и разрешает противоречия, опираясь на закон.

В-восьмых, необходимо как следует регулировать диалектические отношения, касающиеся всестороннего обеспечения верховенства закона в государственном управлении. Для всестороннего обеспечения верховенства закона в государственном управлении необходимо правильное регулирование отношений между политикой и верховенством закона, реформой и верховенством закона, управлением государством в соответствии с законом и управлением государством в соответствии с нравственными нормами, управлением государством в соответствии с законом и управлением партией в соответствии с партийными нормами. Верховенству закона в условиях социализма нужно партийное руководство, а партийное руководство должно опираться на верховенство закона в условиях социализма. «Реформы и верховенство закона подобны двум крыльям птицы, четырём колёсам телеги», мы должны настойчиво продвигать реформу в рамках верховенства закона и улучшать верховенство закона в процессе реформ. Необходимо придерживаться взаимного соединения управления государством в соответствии с законом и в соответствии с нравственными нормами, осуществления взаимного дополнения и взаимного сочетания норм права и норм морали в государственном управлении. Необходимо выявлять взаимодополняющую роль управления государством в соответствии с законом и управления партией в соответствии с партийными нормами, обеспечивать, чтобы партия управляла государством в соответствии с Конституцией и законами, а также осуществляла строгое внутрипартийное управление и контроль в соответствии с партийными нормами.

В-девятых, необходимо создать высококачественную команду работников в области верховенства закона, обладающих высокими моральными и деловыми качествами. Чтобы всесторонне продвигать управление государством в соответствии с законом, мы должны сосредоточиться на создании команды по работе в области верховенства закона в условиях социализма, которая будет верна партии, стране, народу и закону. Необходимо укреплять воспитание идеалов и убеждений, проводить углублённое обучение основным ценностям социализма и концепции верховенства закона в условиях социализма, содействовать упорядочению, специализации и профессионализации специалистов в области верховенства закона, повышать профессиональную подготовленность и профессиональный уровень. Необходимо придерживаться воспитания у людей высокой морали, одновременного обучения морали и праву, обновить механизм подготовки кадров в области верховенства закона и стремиться развивать большое количество высококачественных специалистов и людских резервов в области верховенства закона.

В-десятых, последовательно опираться на «ключевым меньшинством», которым являются руководящие кадры. Руководящие кадры осуществляют правящую власть партии и законодательную власть, административную власть, надзорную власть и судебную власть государства, являются ключом к всестороннему обеспечению верховенства закона в государственном управлении. Руководящие кадры должны подавать пример в уважении верховенства закона, глубоком почитании законов, понимании законов, владении законами, строгом соблюдении дисциплины и законов, отстаивании верховенства закона, строгом осуществлении верховенства закона и ведении дел в соответствии с законом, постоянно повышать способность углубления реформ, содействия развитию, разрешения конфликтов и поддержания стабильности с применением мышления на основе закона и модели управления на основе закона, выступать образцом для уважения, изучения, соблюдения и применения законов, своими практическими действиями содействовать во всём обществе уважению, изучению, соблюдению и применению законов.

Данные новые концепции, новые идеи и новые стратегии являются новейшими достижениями по китаизации марксистских идей верховенства закона и абсолютным руководством для всестороннего обеспечения верховенства закона в государственном управлении, которые должны долговременно осуществляться и непрерывно обогащаться и развиваться.

Новые слова

неотсту́пно 紧密地

верхове́нство 领导地位，统治地位

сумми́ровать несов. и сов. *что* 累计

ста́тус 地位

правосу́дие 司法

ли́дерство 领袖（或首领）地位

прете́нзия 主张，要求

воплоще́ние 体现

копи́ровать несов. *кого-что* 模仿，仿效

конституционали́зм 立宪制

це́лостный 完整的，整体的

надзо́р 监察，监视，监督

инстру́кция 规则

отправле́ние 执行

интегри́рованный 一体化的

учёт 考虑

согласо́ванность 一致（性），协调（性）

претворя́ть несов. // претвори́ть сов. *что во что* 实施

полномо́чие （常用复数）全权，权力

привиле́гия 特权

внедря́ть несов. // внедри́ть сов. *что во что* 推行，采用

рационализи́ровать несов. и сов. *что* 使合理化

диалекти́ческий 辩证的

теле́га 大车，马车

почита́ние 敬畏

подгото́вленность 修养

Работа над текстом

1 В следующей таблице представлен план текста. Заполните пробелы, чтобы его завершить.

Суммируя ряд новых концепций, новых идей и новых стратегий для всестороннего обеспечения верховенства закона в государственном управлении, можно выделить следующие 10 аспектов:	• Во-первых, _____. • Во-вторых, _____. • В-третьих, _____. • В-четвёртых, _____. • В-пятых, _____. • В-шестых, _____. • В-седьмых, _____. • В-восьмых, _____. • В-девятых, _____. • В-десятых, _____.

2 Ответьте на следующие вопросы по содержанию текста.

1. Что является важнейшей гарантией верховенства закона в условиях социализма?
2. Чем характеризуется социалистическая правовая система с китайской спецификой, которую мы стремимся сформировать?
3. Какая связь существует между правовым государством, правовым правительством и правовым обществом?
4. Что мы должны делать, чтобы решить острые противоречия и проблемы в области законотворчества, правоприменения, правосудия и соблюдения законов?
5. С чем в тексте сравниваются реформы и верховенство закона? Как вы можете объяснить такое сравнение (эту метафору)?
6. Почему руководящие кадры называют «ключевым меньшинством»?

3 Выполните следующее задание.

28 мая 2020 г. на 3-й сессии ВСНП 13-го созыва посредством голосования был одобрен Гражданский кодекс КНР, вступивший в силу с 1 января 2021 года. Это первый гражданский кодекс Нового Китая, его принятие имеет историческое значение. В Гражданском кодексе 7 разделов: общие положения, имущественное право, договорное право, неимущественное право, семейное право, право наследования, меры ответственности за правонарушения и примечания.

Выберите один из пунктов содержания нового кодекса, вызвавшего у вас наибольший интерес и подготовьте о нём небольшое сообщение на 3-5 минут.

Речевые упражнения

1 **Переведите следующие словосочетания на русский язык.**

1. 全面依法治国

2. 社会主义法治国家

3. 依宪治国、依宪执政

4. 中国特色社会主义法治体系

5. 中国特色社会主义法治道路

6. 以德治国和依法治国相结合

7. 科学立法、严格执法、公正司法、全民守法

2 **Переведите следующие предложения на китайский язык.**

1. Политический курс партии и законы государства выражают коренную волю народа, по сути они едины.

2. Наша главная цель заключается именно в строительстве социалистической правовой системы с китайской спецификой и строительстве социалистического правового государства.

3. Если только мы будем уважать Конституцию и действенно претворять её в

жизнь, то право народа быть хозяином страны получит гарантии, а делу партии и государства будет обеспечен успех.

4. На политико-юридическом фронте мы должны взвешивать проблему на весах правосудия и держать в руке меч справедливости, дать народным массам лично прочувствовать, что равноправие и справедливость на их стороне.

5. Все организации, все граждане должны уважать авторитет Конституции и закона и действовать в их рамках, осуществляя свои полномочия или права и выполняя свои служебные функции или обязанности на их основе.

6. Необходимо идти по пути верховенства закона, который нам подходит, ни в коем случае не копировать модели и практики других стран, никогда не следовать пути западного «конституционализма», «разделения властей» и «независимой судебной власти».

3 Прочитайте предложения. Выберите подходящие глаголы и поставьте их в пропуски в нужной форме.

обращаться	ослабляться	содействовать	использовать
следить	обеспечить	принять	начинать
ставить	предоставлять		

1. После XVIII съезда КПК Центральным Комитетом партии _____ ряд важных решений и предложен ряд важных мер для всестороннего обеспечения верховенства закона в государственном управлении.

2. Мы _____ созданию команды по вопросам верховенства закона, развиваем и укрепляем команду для оказания юридической помощи, усиливаем юридическое образование и подготовку кадров в сфере верховенства закона.

3. Мы должны уметь _____ систему и законы для управления государством, повышать уровень партии в научном и демократическом отправлении государственной власти и отправлении государственной власти в соответствии с законом.

4. Если Конституция будет игнорироваться, _____ или даже подрываться, то права и свобода народа потеряют гарантии, а дело партии и государства не сможет победить.

5. Никакая организация, никакая личность не имеют права _____ себя над Конституцией и законами страны. Любое нарушение статей Конституции и законов должно караться привлечением к ответственности.

6. Древняя законодательная система нашей страны, выделяющаяся своей

уникальностью среди самых известных законодательных систем в мире, _____ в наше распоряжение сокровища своей мудрости.

7. Надо создавать такую благоприятную среду, в которой все члены общества во всех делах соблюдают законы, а если что-нибудь случается, _____ к законам и решают проблемы, опираясь на закон.

8. Правовое воспитание следует _____ уже с детского возраста, включив его в систему народного образования и в кампанию за формирование духовной культуры.

9. Правовое управление должно нести в себе нравственные концепции, только тогда нравственность будет_____ надежной институциональной поддержкой.

10. Руководящие кадры должны стремиться стать примером этики для всего общества, реализовывать концепцию основных социалистических ценностей, проявлять партийность, _____ за своими поступками.

Дополнительное чтение

Составьте сжатое изложение по содержанию текста и озаглавьте его. (не менее 120 слов)

Борьба с коррупцией в Китае впечатляет своей целенаправленностью, решительностью, наступательностью и широкомасштабностью. Об этом на днях заявил в эксклюзивном интервью корреспонденту Синьхуа кандидат политических наук, доцент кафедры китайского языка и литературы Ташкентского государственного института востоковедения Шоазим Шазаманов.

По его словам, в истории Китая борьба с коррупцией всегда занимала особое место, но в последние годы она поднялась на более высокий уровень, приняв всеобъемлющий характер. Так, провозглашённый в КНР лозунг «бить тигров и мух» поставил амбициозную задачу искоренения коррупции на всех уровнях. Главная цель такого подхода – заставить чиновников всех уровней работать честно и без коррупции.

Учёный полагает, что эти меры имеют колоссальное значение для дальнейшего развития страны. В частности, возвращены в казну накопленные коррупционным путём богатства. Но самое главное, растёт новое поколение, которое с каждым годом пополняет ряды честных тружеников, заметил эксперт.

Он обратил внимание на то, что антикоррупционная борьба Китая важна и для развития мирового сообщества, поскольку коррупция является глобальным явлением. Исходя из этого, Китай давно является государством-участником Конвенции Организации Объединённых Наций против коррупции.

Ш. Шазаманов подчеркнул, что Китай, который входит в число лидеров мировой экономики, реализует инициативу «Один пояс – один путь», объединяющую многие страны мира. В этих условиях, считает эксперт, борьба против коррупции имеет неоценимое значение. «Однако здесь необходимо отметить два обстоятельства. Во-первых, во внешней политике Китай никогда не вмешивается во внутренние дела других стран. Во-вторых, у каждого народа и страны есть свой менталитет, своё понимание коррупции, свои методы борьбы с ней», – заявил узбекский учёный.

Китай: история успеха

Выполните следующую работу в группах.

1. Найдите информацию об опыте Китая в строительстве социалистического правового государства и напишите по этой теме сочинение. (не менее 150 слов)

2. Подготовьте 5-8-минутную групповую презентацию с предложением конкретных мер по строительству правового государства.

Китайская мудрость

Запомните следующее древнее высказывание. Подумайте, какое актуальное значение оно имеет в современном мире.

蠹众而木折，隙大而墙坏。

Дерево ломается от множества червей, стена рушится от больших трещин.

——《商君书·修权》

Для самостоятельного чтения

1. «Выступление на собрании представителей общественных кругов Пекина по случаю тридцатилетия со дня опубликования и вступления в силу действующей Конституции» 《在首都各界纪念现行宪法公布施行三十周年大会上的讲话》

   «Си Цзиньпин о государственном управлении I» стр. 189-202

   《习近平谈治国理政》第一卷，第135—143页

2. «Ускорить строительство социалистического правового государства» 《加快建设社会主义法治国家》

   «Си Цзиньпин о государственном управлении II» стр. 153-173

   《习近平谈治国理政》第二卷，第113—125页

3. «Полное сочетание управления государством на основе закона с управлением государством на основе нравственных норм» 《坚持依法治国和以德治国相结合》

   «Си Цзиньпин о государственном управлении II» стр. 184-188

   《习近平谈治国理政》第二卷，第133—135页

6 Урок

Полномасштабное развёртывание реформ

Социализм с китайской спецификой является основной темой всей партийной теории и практики со времени начала проведения политики реформ и открытости, и коренным достижением, за которое партией и народом выплачена дорогая цена, достижением, добытым ценой множества пережитых невзгод и тяжких лишений.

Си Цзиньпин, доклад на XIX Всекитайском съезде Коммунистической партии Китая,

18 октября 2017 г.

Мы всесторонне углубляем реформы именно для того, чтобы наш строй социализма с китайской спецификой стал ещё лучше. Мы говорим об уверенности в нашем строе не для того, чтобы вернуться к замкнутости и косности, остановиться на достигнутом, а для того, чтобы непрерывно искоренять недостатки нашего строя и его механизмов, придавая им зрелость и долгосрочность.

Си Цзиньпин, выступление на семинаре ведущих руководителей министерств и провинций по вопросу воплощения в жизнь духа 3-го пленума ЦК КПК 18-го созыва и всестороннего углубления реформ, 17 февраля 2014 г.

Вступительное слово

18-24 октября 2017 г. в Пекине состоялся XIX съезд КПК, который является чрезвычайно важным съездом, созванным на решающей стадии полного построения среднезажиточного общества и в ключевой момент вступления социализма с китайской спецификой в новую эпоху.

Содержание идей Си Цзиньпина о социализме с китайской спецификой новой эпохи, обобщённое и обнародованное на XIX съезде партии, было внесено в её Устав и утверждено в качестве руководства для деятельности КПК на протяжении длительного периода. Таким образом идейные ориентиры партии получили обновление, адекватное ходу времени.

Идеи Си Цзиньпина о социализме с китайской спецификой новой эпохи являют собой марксизм современного Китая, марксизм XXI века, а также квинтэссенцию китайской культуры и китайского духа в современную эпоху, и знаменуют новый скачок в китаизации марксизма. Коммунистическая партия Китая определила статус товарища Си Цзиньпина как руководящего ядра ЦК КПК и всей партии, определила руководящее положение идей Си Цзиньпина о социализме с китайской спецификой новой эпохи, что отражает общие чаяния партии, армии и всего многонационального народа страны, имеет решающее значение для развития дела партии и государства в новую эпоху, для продвижения исторического процесса великого возрождения китайской нации.

Текст, предлагаемый в этом уроке, представляет собой отрывок из доклада председателя Си Цзиньпина на XIX Всекитайском съезде Коммунистической партии Китая (18 октября 2017 г.).

Предтекстовые задания

Сямынь, пров. Фуцзянь

1 Прочитайте три следующих микротекста и расскажите, когда были выдвинуты концепции, изложенные в них.

В ходе инспекционной поездки в провинцию Цзянсу председатель Си Цзиньпин впервые выдвинул стратегическую концепцию «четырёх всесторонних аспектов», а именно: всестороннее построение среднезажиточного общества; всестороннее углубление реформ; всестороннее обеспечение законности в государственном управлении; всестороннее ужесточение внутрипартийного управления. Эти четыре аспекта тесно взаимосвязаны. Всестороннее построение среднезажиточного общества – это главная цель, выдвинутая на XVIII съезде КПК. Всестороннее углубление реформ и всестороннее верховенство закона в стране в качестве двух вспомогательных факторов, которые можно сравнить с двумя крыльями птицы или двумя колёсами колесницы, помогают двигаться вперёд к этой цели. В этом движении вперёд всестороннее соблюдение строгой партийной дисциплины является основным условием успешного выполнения работы и достижения цели. В стратегической концепции «четырёх всесторонних аспектов» комплексно отражаются общие представления китайского руководства нового поколения об управлении государством.

На 6-м Пленуме ЦК КПК 16-го созыва было принято решение о строительстве системы базовых ценностей социализма. Было указано, что система базовых ценностей социализма включает в себя четыре основные составляющие: руководящие идеи марксизма, общий идеал социолизма с китайской спецификой, национальный дух с упором на патриотизм и дух эпохи с упором на реформы и инновации, социалистические представления о славе и позоре.

«Одна страна – две системы» – это базовый принцип политики китайского правительства, держащего курс на мирное воссоединение государства. Основное содержание курса «Одна страна – две системы» заключается в том, что, руководствуясь принципом одного Китая, на основной части страны – КНР действует система социализма, а в Сянгане, Аомэне и на Тайване, неотъемлемых частях Китая, но существующих как особые административные районы, сохраняется система капитализма. На международной арене только Китайская Народная Республика может представлять Китай. «Одна страна – две системы» – это великое новшество и новый вклад китайской нации в содействие миру и развитию во всём мире. Следуя этому курсу, правительство Китая в 1997 году восстановило свою юрисдикцию в Сянгане, а в 1999 году в Аомэне. После воссоединения этих двух территорий с Родиной проведение принципа «Одна страна – две системы» на практике продемонстрировало всему миру общепризнанные успехи.

Идеи социализма с китайской спецификой новой эпохи и основная стратегия их реализации

ачиная с XVIII съезда КПК, перемены во внутренней и внешней обстановке и развитие всех областей деятельности в Китае поставили перед партией важную эпохальную задачу: в контексте сочетания теории с практикой, используя системный подход, необходимо ответить на вопрос о том, в новую эпоху какой именно социализм с китайской спецификой нужно отстаивать и развивать, и как именно его необходимо отстаивать и развивать. Это касается таких кардинальных вопросов сохранения и развития социализма с китайской спецификой в новую эпоху, как общая цель, генеральная задача, общая схема и стратегическая концепция, а также направление развития социализма с китайской спецификой, модель и движущая сила его развития, стратегические шаги, внешние условия, политические гарантии и т. д. К тому же в соответствии с новой практикой необходимо дать теоретический анализ и выработать политическое руководство для таких сфер, как экономика, политика, законность, наука и технологии, культура, образование, жизнь народа, дела национальностей, религия, общество, экологическая цивилизация, государственная безопасность, национальная оборона и армия, курс «одна страна – две системы» и воссоединение Родины, единый фронт, внешняя политика, партийное строительство и т. д. с тем, чтобы бережнее сохранять и лучше развивать социализм с китайской спецификой.

В свете выполнения этой важной эпохальной задачи, продолжая руководствоваться марксизмом-ленинизмом, идеями Мао Цзэдуна, теорией Дэн Сяопина, важными идеями тройного представительства и научной концепцией развития, неустанно раскрепощая сознание, реалистически подходя к делу, шагая в ногу со временем, стремясь к истине и по-деловому работая, неизменно придерживаясь диалектического и исторического материализма, в тесной увязке с новыми условиями эпохи и требованиями практики и обладая совершенно новым кругозором, партия углубила понимание закономерностей отправления власти компартией, закономерностей строительства социализма и закономерностей развития человеческого общества. После проведения сложных изысканий были получены важные результаты теоретических инноваций и сформированы идеи социализма с китайской спецификой новой эпохи.

Идеи социализма с китайской спецификой новой эпохи чётко определяют сохранение и развитие социализма с китайской спецификой, генеральной задачей которого является осуществление социалистической модернизации и великого возрождения китайской нации, то есть определяют необходимость в соответствии с двухэтапным планом превратить Китай в богатую и могущественную, демократическую и цивилизованную, гармоничную и прекрасную модернизированную социалистическую державу уже к середине нынешнего века на основе полного построения общества среднего достатка. Идеи социализма с китайской спецификой новой эпохи точно определяют основное противоречие в китайском обществе в новую эпоху – противоречие между постоянно растущими потребностями народа в прекрасной жизни и неравномерностью и неполнотой развития, определяют необходимость осуществлять концепцию развития, в которой народ занимает центральное место, необходимость непрерывно способствовать всестороннему развитию человека и достижению всеобщей зажиточности народа. Идеи социализма с китайской спецификой новой эпохи чётко определяют общую схему пятиединого строительства и стратегическую концепцию «четырёх всесторонних аспектов» развития дела социализма с китайской спецификой, подчёркивают необходимость укрепления уверенности в собственном пути, теории, строе и культуре. Идеи социализма с китайской спецификой новой эпохи чётко определяют общую цель всестороннего углубления реформ – совершенствование и развитие социалистического строя с китайской спецификой, продвижение модернизации системы и потенциала государственного управления. Идеи социализма с китайской спецификой новой эпохи чётко определяют общую цель всестороннего продвижения управления государством на основе закона – создание социалистической правовой системы с китайской спецификой и социалистического правового государства. Идеи социализма с китайской спецификой новой эпохи чётко определяют намеченную партией цель укрепления армии в новую эпоху – создание народной армии, подчиняющейся партийному руководству, способной одерживать победы и обладающей образцовым стилем, и превращение народной армии в вооружённые силы передового мирового уровня. Идеи социализма с китайской спецификой новой эпохи чётко определяют, что дипломатия великой державы с китайской спецификой призвана содействовать созданию международных отношений нового типа и сообщества единой судьбы человечества. Идеи социализма с китайской спецификой новой эпохи чётко определяют сущностную особенность социализма с китайской спецификой – руководство со стороны КПК, определяют наиважнейшее преимущество социалистического строя с китайской спецификой – также руководство со стороны КПК, определяют партию как политическую руководящую силу наивысшего порядка, формулируют общее требование к партийному строительству в новую эпоху, отводя важное место политическому строительству.

<...>

Партия должна углублённо усвоить духовную сущность и богатое содержание идей социализма с китайской спецификой новой эпохи, полностью и чётко претворять их в жизнь во всех аспектах своей работы.

1. Твёрдо стоять на позиции партийного руководства во всей работе. <...>

2. Твёрдо стоять на позиции «народ – это главное». <...>

3. Продолжать всестороннее углубление реформ. <...>

4. Придерживаться новой концепции развития. <...>

5. Неотступно отстаивать положение народа как хозяина страны. <...>

6. Продолжать всестороннее соблюдение принципа верховенства закона в государственном управлении. <...>

7. Отстаивать систему основных ценностей социализма. <...>

8. Продолжать обеспечивать и улучшать жизнь народа в процессе развития. <...>

9. Обеспечивать гармоничную синергию человека и природы. <...>

10. Продолжать претворять в жизнь всеобъемлющую концепцию

государственной безопасности. <...>

11. Неукоснительно сохранять абсолютное руководство народной армией со стороны партии. <...>

12. Продолжать придерживаться курса «одна страна – две системы» и продвигать вперёд воссоединение Родины. <...>

13. Продолжать стимулировать создание сообщества единой судьбы человечества. <...>

14. Продолжать всестороннее строгое управление партией. <...>

Вышеперечисленные 14 пунктов составляют основную стратегию отстаивания и развития социализма с китайской спецификой в новую эпоху. Все партийные товарищи должны всесторонне проводить в жизнь основную теорию, основную линию и основную стратегию партии, эффективнее направлять развитие дела партии и народа.

Практика не имеет предела, теоретические инновации также не знают границ. Мир меняется каждый день и каждую минуту, то же самое происходит и в Китае, поэтому в теоретическом плане мы должны идти в ногу со временем, непрерывно познавать законы развития, неустанно развивать теоретические, практические, институциональные, культурные инновации и инновации во всех других сферах.

Товарищи! Эпоха – мать идеи, практика – источник теории. Только при условии, что мы будем внимательно прислушиваться к голосу эпохи, смело отстаивать истину и исправлять ошибки, в XXI веке китайский марксизм непременно продемонстрирует ещё более мощную, более убедительную силу истины!

Новые слова

кардина́льный 关键的

маркси́зм 马克思主义

ленини́зм 列宁主义

неуста́нно 坚持不懈地

раскрепоща́ть несов. // раскрепости́ть сов. кого-что 解放

материали́зм 唯物主义

увя́зка 联系

закономе́рность 规律性

изыска́ние 探索

могу́щественный 强大的

зажи́точность 富裕

вооружённый 武装的

синерги́я 协同效应

всеобъе́млющий 无所不包的

неукосни́тельно 严格地

институциона́льный 机构的

Работа над текстом

1 В следующей таблице представлен план текста. Заполните пробелы, чтобы его завершить.

14 пунктов основной стратегии отстаивания и развития социализма с китайской спецификой в новую эпоху:	• Твёрдо стоять на позиции _____ во всей работе. • Твёрдо стоять на позиции «_____». • Продолжать всестороннее углубление _____. • Придерживаться _____. • Неотступно отстаивать _____. • Продолжать всестороннее соблюдение _____. • Отстаивать систему _____. • Продолжать обеспечивать и улучшать _____. • Обеспечивать _____. • Продолжать претворять в жизнь _____. • Неукоснительно сохранять _____. • Продолжать придерживаться курса _____ и продвигать вперёд _____. • Продолжать стимулировать создание _____. • Продолжать всестороннее строгое управление _____.

2 Ответьте на следующие вопросы по содержанию текста.

1. Какие задачи, обусловленные изменениями во внутренней и внешней обстановке и в развитии всех областей деятельности в Китае, стоят перед КПК, начиная с XVIII съезда партии?

2. Какие результаты были получены в ходе сложных изысканий и какие идеи были сформулированы?

3. В чём заключается основное противоречие в китайском обществе в новую эпоху?

4. Какую общую цель всестороннего углубления реформ чётко определяют идеи социализма с китайской спецификой новой эпохи?

5. При каком условии в XXI веке китайский марксизм непременно продемонстрирует ещё более мощную, более убедительную силу истины?

3 **Выполните следующее задание.**

«Сяокан», или «среднезажиточное общество» – это термин, отражающий давнюю мечту китайского народа. 1 июля 2021 г. Китай объявил о достижении первой из своих целей в текущем столетии – полном построении общества средней зажиточности. Что это значит для страны, где проживает 1,4 млрд. человек, а также для мира в целом? В Белой книге под названием «Полное построение среднезажиточного общества в Китае» (《中国的全面小康》白皮书) содержатся ответы на эти вопросы.

Рекомендуем вам познакомиться с содержанием данной Белой книги и подготовьте о вашем понимании термина «общество всеобщей средней зажиточности» небольшое сообщения на 3-5 минут.

Речевые упражнения

1 **Переведите следующие словосочетания на русский язык.**

1. 两步走
2. 全面深化改革
3. 社会主义现代化强国
4. 坚定不移走中国特色社会主义道路
5. 完善和发展中国特色社会主义制度
6. 经济快速发展和社会长期稳定"两大奇迹"
7. 政治建设、思想建设、组织建设、作风建设、纪律建设、制度建设

2 **Переведите следующие предложения на китайский язык.**

1. Многообразие исторических факторов обусловило разнообразность избранных путей развития в разных странах.

2. Для осуществления китайской мечты мы должны твёрдо отстаивать путь социализма с китайской спецификой.

3. Наша партия вышла из народа, уходит своими корнями в народ и служит народу. Основа партии, её пульс, её сила – в народе.

4. Говорить правду и выполнять практическую работу – это лучшая проверка и лучшая закалка партийности.

5. Всестороннее построение общества средней зажиточности – это первый и очень важный шаг к достижению наших целей.

6. Идеи социализма с китайской спецификой в новую эпоху не только содержат важную идею партии о государственном управлении, но и пронизаны требованиями к китайским коммунистам в их политических качествах, ценностных представлениях, духовной широте, стиле работы и нравственности.

3 **Прочитайте предложения. Выберите подходящие глаголы и поставьте их в пропуски в нужной форме.**

претворять	усиливать	существовать	рассматривать
зависеть	вносить	отличать	предстоять
улучшать	сохранять		

1. Необходимо _____ реализацию мечты народа о прекрасной жизни как цель борьбы и, опираясь на народ, вершить великое историческое дело.

2. Смелые революционные самопреобразования есть та яркая особенность, которая _____ КПК от всех других политических партий.

3. Китай будет неизменно стимулировать мир во всём мире, _____ свой вклад в глобальное развитие и защищать международный порядок.

4. Компартия Китая _____ до нынешнего дня благодаря учёбе, и непременно пойдёт дальше в будущее, опираясь на знания.

5. Необходимо неотступно _____ статус народа как субъекта и стоять на позиции: партия создана на общее благо и находится у власти во имя народа.

6. Необходимо неуклонно _____ в жизнь концепцию инновационного, согласованного, «зелёного», открытого и общедоступного развития.

7. Коренной целью развития является повышение народного благосостояния. Необходимо эффективнее _____ жизнь народа, тщательнее вникать в его озабоченности.

8. Необходимо ужесточать партийную дисциплину, _____ внутрипартийный контроль и развивать активную и здоровую внутрипартийную политическую культуру.

9. Вопрос о пути развития – это первоочерёдной вопрос, от которого _____ расцвет или упадок Коммунистической партии Китая. Вопрос о пути развития – это вопрос существования партии.

10. Социализм с китайской спецификой – это великое дело, которого не знали наши предшественники, поэтому реформам, открытости и социалистической модернизации _____ ещё долгий путь.

Дополнительное чтение

Составьте сжатое изложение по содержанию текста и озаглавьте его. (не менее 120 слов)

Документальный сериал «A long cherished dream» – «Давняя заветная мечта» (китайское название – 《柴米油盐之上》), снятый известным британским режиссёром-документалистом и двукратным обладателем «Оскара» Малкольмом Кларком (китайское имя – 柯文思), был показан одновременно на различных медиаплатформах в Китае и за рубежом 15 июля 2021 г.. Фильм рассказывает о деталях повседневной жизни простых людей в период построения в Китае среднезажиточного общества «сяокан».

Среди главных героев сериала – секретарь партийной ячейки горной деревни в провинции Юньнань, деревенская женщина-водитель грузовика, цирковой акробат с многочисленными травмами, частный предприниматель, в юности занимавшийся заготовкой дров и создавший бизнес с нуля... По словам М. Кларка, главное действующее лицо каждого сюжета фильма – подлинный герой. Все эти люди пережили нищету и лишения, но в условиях стремительного экономического развития Китая в их судьбах произошли разительные перемены.

В 1980-х годах Кларк впервые приехал в Китай для подготовки к съёмкам документального фильма. Читая сообщения западных СМИ, Кларк чувствовал, что это не тот Китай, который он видел. Он решил снять фильм о настоящем Китае. С 2013 г. режиссёр всё своё внимание сфокусировал на Поднебесной. С тех пор он побывал в большинстве регионов страны и везде отмечал масштабные изменения и огромный потенциал развития. М. Кларк делится своими впечатлениями о результатах реформ в КНР: «Когда я снова приехал в Китай, моё изначальное любопытство сменилось сплошным потрясением. Мне всегда хотелось сказать, что "подъём Китая" или "возрождение Китая" – самая длинная, бесконечная новостная лента 21-го века. Китай очаровывает меня. Я очень хочу рассказать миру об этой стране. Все главные герои родились в бедных семьях, но в их жизни произошли удивительные изменения по мере быстрого экономического подъёма в Китае. Теперь они с помощью всех имеющихся у них ресурсов пытаются отплатить добром своей родине, помогая землякам – людям старшего поколения, тем, кто всё ещё живёт в своих родных сёлах и деревнях. "Сяокан" даёт самым бедным слоям общества, самым низам возможность представить, что они и их семьи могут иметь в будущем. В то же время, то, как эти люди из самых типичных китайских семей вносят вклад в развитие своей страны, произвело на меня глубокое впечатление».

Китай:
история
успеха

Выполните следующую работу в группах.

1. Выберите один из 14 пунктов основной стратегии отстаивания и развития социализма с китайской спецификой в новую эпоху, найдите соответствующую информацию и напишите по этой теме сочинение. (не менее 150 слов)

2. Подготовьте 5-8-минутную групповую презентацию материалов, связанных с выбранной вами темой.

Китайская мудрость

Запомните следующее древнее высказывание. Подумайте, какое актуальное значение оно имеет в современном мире.

万物得其本者生，百事得其道者成。

У всего сущего есть свои истоки и корни. Те, кто живёт и действует по совести и в соответствии с законом, обретут успех.

——西汉刘向《说苑·谈丛》

Для самостоятельного чтения

1. «Драгоценный опыт, накопленный за 40 лет реформ и открытости» 《改革开放四十年积累的宝贵经验》

   «Си Цзиньпин о государственном управлении III» стр. 269-282

   《习近平谈治国理政》第三卷，第 181—189 页

2. «В процессе энергичной реализации китайской мечты расправить молодые крылья» 《在实现中国梦的生动实践中放飞青春梦想》

   «Си Цзиньпин о государственном управлении I» стр. 66-76

   《习近平谈治国理政》第一卷，第 49—55 页

3. «Осуществление китайской мечты на благо не только китайского народа, но и народов всего мира» 《实现中国梦不仅造福中国人民，而且造福世界人民》

   «Си Цзиньпин о государственном управлении I» стр. 77-79

   《习近平谈治国理政》第一卷，第 56—57 页

7

Урок

На пути к национальному возрождению

Руководящая роль КПК является самой существенной чертой социализма с китайской спецификой и наибольшим преимуществом социалистического строя с китайской спецификой.

Си Цзиньпин, выступление на торжественном собрании, посвящённом 40-летию политики реформ и открытости, 18 декабря 2018 г.

Нация, которая забывает пройденный путь, будет нацией без выхода; политическая партия, которая забывает свою первоначальную цель, непременно утратит своё будущее.

Си Цзиньпин, выступление на итоговом собрании о тематическом воспитательном мероприятии под девизом «Оставаться верными первоначальной цели, ни на минуту не забывать о своей миссии», 8 января 2020 г.

Ракета-носитель
«Великий поход-
2F» с кораблём
«Шэньчжоу-14»
на старте с
космодрома
Цзюцюань

Вступительное слово

Великий поход был смелым военным маневром, осуществлёнными Красной Армией, предшественницей Народно-освободительной армии, под руководством КПК в период с октября 1934 г. по октябрь 1936 г.. Героические воины Красной Армии, форсировали бурные реки, перевалили через заснеженные горы, преодолели высокогорное заболоченное пространство, выдержав одно из беспрецедентных испытаний в истории человечества. В конечном итоге Красная Армия, пройдя несколько тысяч километров, добралась до провинции Шэньси, Ганьсу и Нинся-Хуэйского автономного района, открыв новую главу в истории КПК. «По сравнению с Великим походом переход Ганнибала через Альпы выглядел, как праздничная экскурсия», – отметил американский журналист Эдгар Сноу в своей книге «Красная звезда над Китаем».

Сегодня Китай находится на решающем историческом этапе воплощения мечты о национальном возрождении. На протяжении ста лет партия с непоколебимой решимостью вела китайский народ к грандиозным успехам в экономическом и социальном развитии. Эти успехи достигнуты упорным трудом всего народа. Сейчас наша страна находится на пути к цели второго столетия. Эта новая цель – превращение Китая в богатую и могущественную, демократическую и цивилизованную, гармоничную и прекрасную модернизированную социалистическую державу к середине нынешнего века.

Текст, предлагаемый в этом уроке, представляет собой отрывок из выступления председателя Си Цзиньпина на торжественном собрании, посвящённом 80-летию победы Великого похода Красной армии (21 октября 2016 г.).

Предтекстовые задания

Скульптурная группа «Бой за мост Лудинцяо», мемориальный музей Совещания в Цзуньи, пров. Гуйчжоу

1 **Прочитайте три следующих микротекста и расскажите, какие эпизоды истории Великого похода Красной армии описываются в них.**

В начале Великого похода вследствие «левацких» ошибок Красная Армия понесла большие потери. Будущее Китайской революции оказалось под угрозой. В такой критической ситуации в январе 1935 г. в селении Цзуньи, провинция Гуйчжоу, было созвано экстренное расширенное заседание Политбюро ЦК КПК, которое своевременно исправило ошибки ЦК в военном командовании, утвердило руководящее положение Мао Цзэдуна в Компартии и Красной армии. В критический момент это совещание спасло партию и Красную армию, спасло китайскую революцию.

28-29 мая 1935 г., во время Великого похода, Красная армия

вынуждена была отходить по реке Дадухэ на север. Для движения вперёд необходимо было переправиться через реку. 29 мая 1935 г. Мао Цзэдун, Чжоу Эньлай и их товарищи провели совещание в деревне Моси. На совещании было принято решение брать штурмом мост Лудинцяо. Но противник разобрал мост, сняв доски и оставив только железные цепи, на которых они держались. Несмотря на это, красноармейцы сделали всё, чтобы перебраться на другую сторону под огнём врага. Первыми прошли 22 храбреца. Они одолели сопротивление гоминьдановских солдат, вооружённых пулемётами, и открыли путь для своих товарищей.

В сентябре 1935 г. Красная армия под руководством Мао Цзэдуна успешно преодолела высокие заснеженные горы, болотистую степь и подошла к подножию гор Миньшань. На этот раз на пути армии встала новая естественная преграда – труднодоступное высокогорное ущелье Лацзыкоу. Оно пролегало между крутыми отвесными скалами. По дну ущелья льётся стремительный горный поток, над которым висел деревянный мост – в то время единственный путь через ущелье. В таких условиях Красная армия вступила в ожесточённый бой, разгромила гоминьдановские войска в районе Лацзыкоу, а затем преодолела горный хребет Миньшань.

Укреплять дух Великого похода, твёрдо идти по пути сегодняшнего Великого похода

В еликий поход является великим подвигом в истории человечества. Самое ценное духовное наследие, оставленное нам в результате этого подвига, – это «дух Великого похода», выкованный китайскими коммунистами, командирами и бойцами Красной армии ценой жизни.

Дух Великого похода заключается в том, чтобы ставить превыше всего коренные интересы народа и китайской нации, выработать в себе непоколебимые революционные идеалы и убеждения, твёрдо верить в неизбежную победу справедливого дела, не бояться трудностей и препятствий и не останавливаться ни перед какими жертвами во имя спасения государства и народа, настойчиво придерживаться принципа независимости и самостоятельности, принципа реалистичного подхода к делу, во всём исходить из реальной действительности, учитывать интересы дела в целом, строго блюсти дисциплину и добиваться тесной сплочённости, крепко опираться на народные массы, жить с ними одной жизнью, делить с ними трудности и страдания и вести упорную борьбу.

Дух Великого похода является живым отражением революционного настроя китайских коммунистов и руководимой ими народной армии, концентрированным проявлением моральных устоев китайской нации на пути самосовершенствования, а также высшим воплощением национального духа, суть которого является патриотизм.

Человек без духа не может стать самостоятельным, а государство без духа не может стать могущественным. Дух – это энергия, благодаря которой нация может долго существовать; только достигнув определённых духовных высот, нация может пережить бурное течение истории и отважно двигаться вперёд. Дух Великого похода, как важная составная часть «красного генома» и духовной родословной китайских коммунистов, уже глубоко вошёл в кровь и душу китайской нации, стал богатым питанием для основных ценностных представлений социализма и могучей духовной движущей силой, воодушевляющей и побуждающей китайский народ брать новые высоты, преодолевать трудности и идти от победы к победе.

Историю творит сам народ. Героический народ творит героическую историю. Сегодняшним прогрессом и развитием Китай обязан именно Великому походу.

<...>

История непрерывно движется вперёд, и чтобы достичь идеалов, нужно безостановочно идти вперёд по намеченному пути. У каждого поколения есть свой Великий поход, и каждое поколение должно твёрдо идти в «Великий поход» своего времени. Великий поход нашего поколения – это осуществление целей, намеченных к «двум столетним юбилеям» и реализация китайской мечты о великом возрождении китайской нации.

Если сравнивать сегодняшний Великий поход с Великим походом Красной армии, а также с новым великим походом, в который мы пошли после начала проведения политики реформ и открытости, то хотя они отличаются или даже сильно отличаются друг от друга по сложившейся на данный момент ситуации, условиям, задачам и силам, все эти походы являются делом новаторским, трудным и сложным.

К осуществлению великих идеалов не бывает прямой широкой дороги. Чтобы добиться нового прогресса в деле развития социализма с китайской спецификой, достичь новых успехов в продвижении нового масштабного проекта партийного строительства, а также завоевать новые победы в великой борьбе, отличающейся многими новыми историческими особенностями, нам ещё предстоит перевалить через множество «снежных хребтов», пройти через множество степей и преодолеть множество перевалов вроде Лоушаньгуань и Лацзыкоу. Любые стремления к праздной жизни и отказ от дальнейшей упорной борьбы недопустимы, любые проявления зазнайства и самодовольства и отказ от дальнейшего движения вперёд также недопустимы.

Великий поход никогда не заканчивается. Нация, не помнящая своих истоков, обречена на провал. Какого бы уровня ни достигло наше дело, каких бы огромных успехов мы ни добились, мы должны всемерно укреплять дух Великого похода и продолжать мужественно идти вперёд по новому пути Великого похода.

– Чтобы укреплять дух Великого похода и твёрдо идти вперёд по пути сегодняшнего Великого похода, необходимо придерживаться великих идеалов коммунизма и общих идеалов социализма с китайской спецификой, упорно бороться за благородные идеалы и убеждения. <...>

<...>

– Чтобы укреплять дух Великого похода и твёрдо идти вперёд по пути сегодняшнего «Великого похода», необходимо выработать твёрдую уверенность в пути социализма с китайской спецификой, уверенность в правоте теории, уверенность в строе и уверенность в культуре, а также неуклонно бороться за новые победы великого дела социализма с китайской спецификой. <...>

<...>

– Чтобы укреплять дух Великого похода и твёрдо идти вперёд по пути сегодняшнего Великого похода, необходимо отводить народу самое главное место в сердце, делать всё во имя народа, во всём опираться на народ и неуклонно бороться за прекрасную жизнь народа. <...>

<...>

– Чтобы укреплять дух Великого похода и твёрдо идти вперёд по пути сегодняшнего Великого похода, необходимо чётко определить направление, добиться понимания общей обстановки, в едином порядке планировать все дела, неуклонно бороться за осуществление общих задач, общей расстановки и общих целей. <...>

<...>

– Чтобы укреплять дух Великого похода и твёрдо идти вперёд по пути сегодняшнего Великого похода, необходимо строить прочную национальную оборону и мощную армию, соответствующие международному статусу нашей страны и отвечающие требованиям государственной безопасности и интересам развития, неуклонно бороться в целях защиты государственной безопасности и мира на Земле. <...>

<...>

– Чтобы укреплять дух Великого похода и твёрдо идти вперёд по пути сегодняшнего Великого похода, необходимо усиливать партийное руководство, упорно осуществлять всестороннее соблюдение строгой внутрипартийной дисциплины, непреклонно бороться за продвижение партийного строительства как нового масштабного проекта. <...>

<...>

Укреплять дух Великого похода и твёрдо идти вперёд по пути сегодняшнего Великого похода – это важная проблема, стоящая перед нами в условиях новой эпохи. Дух Великого похода – это ценное духовное достояние, огромной ценой добытое партией и народом в процессе великой борьбы. Мы должны из поколения в поколение крепко помнить о духе Великого похода, изучать и развивать его, превращая его в мощную духовую силу, побуждающую нашу партию, государство, народ, армию и нацию безостановочно двигаться вперёд, к светлому будущему.

За 80 лет после победы Великого похода народы всей страны, сплотившиеся вокруг партии и руководимые ею, непрерывно продвигают великое дело революции, строительства и реформ, совершают один за другим грандиозные великие походы и добиваются великих побед, привлекающих внимание всего мира.

Сейчас мы, как никогда до этого в истории, близки к цели великого возрождения китайской нации, и мы, как никогда, полны уверенности и способны осуществить эту цель. Наше поколение, продолжая дело наших предшественников, ведёт сегодняшнюю борьбу и тем самым прокладывает путь к завтрашнему дню.

План разработан, пришло время бороться. На пути вперёд мы должны всемерно укреплять дух Великого похода, стимулировать и поощрять партию, армию и народы всей страны, особенно молодое поколение, воспрянуть духом, приниматься за работу с утроенной энергией, продвигать вперёд великое дело, начатое революционерами старших поколений, вписывать новые страницы в историю и добиваться новых свершений на пути нового Великого похода во имя целей, достижение которых приурочено к «двум столетним юбилеям», и китайской мечты о великом возрождении китайской нации!

Новые слова

выко́вывать несов. // вы́ковать сов. *кого́-что* 锤炼成

непоколеби́мый 坚定不移的

концентри́рованный 集中的

усто́й （常用复数）准则

родосло́вная 族谱

безостано́вочно 连续不断地

хребе́т 山岭

перева́л 山隘

зазна́йство 骄傲自满

обречённый 注定要失败的

прова́л 完全失败

правота́ 正确性

расстано́вка 布局

воспря́нуть сов. 奋起

приуро́чивать несов. // приуро́чить сов. *что к чему́* 安排在……时候

Работа над текстом

1 В следующей таблице представлен план текста. Заполните пробелы, чтобы его завершить.

Дух Великого похода заключается в том, чтобы	• ставить _____ , выработать в себе _____ , твёрдо верить _____ ; • не бояться _____ и не останавливаться _____ ; • настойчиво придерживаться принципа _____ , принципа _____ , во всём исходить из реальной действительности; • учитывать _____ , строго блюсти дисциплину и _____ ; • крепко опираться на _____ , жить с ними одной жизнью, _____ и вести упорную борьбу.
Дух Великого похода является	• живым отражением _____ ; • концентрированным проявлением _____ ; • высшим воплощением _____ , суть которого является патриотизм.

2 Ответьте на следующие вопросы по содержанию текста.

1. Что является самым ценным духовным наследием, оставленным нам в результате Великого похода?
2. Как вы понимаете «Человек без духа не может стать самостоятельным, а государство без духа не может стать могущественным»?
3. Что такое «Великий поход нашего поколения»?
4. В чём сходство между сегодняшним Великим походом и Великим походом Красной армии в 30-е годы 20-го века? Почему мы говорим о новом Великом походе, который мы начали после проведения политики реформ и открытости?
5. Что председатель Си Цзиньпин хочет сказать, напоминая, что нам надо «перевалить через множество "снежных хребтов", пройти через множество степей и преодолеть множество перевалов вроде Лоушаньгуань и Лацзыкоу»?
6. Какие мысли недопустимы при осуществлении великих идеалов?

3 **Выполните следующее задание.**

16 сентября 2020 года председатель Си Цзиньпин прибыл в село Шачжоу уезда Жучэн, подчинённого городу Чэньчжоу. Это была первая остановка председателя Си Цзиньпина в рамках его поездки по провинции Хунань. Председатель Си Цзиньпин посетил Выставочный зал «Тепло половины одеяла». Он отметил, что когда Красная Армия испытывала острую нехватку продовольствия и обмундирования, когда на кону стояли жизнь и смерть, военные всё-таки продолжали думать об условиях жизни простых людей.

История «Тепла половины одеяла» полностью отражает чувства КПК по отношению к китайскому народу, суть служения партии народу. Познакомьтесь с этой историей и подготовьте о ней небольшое сообщение на 3-5 минут.

Речевые упражнения

Празднование 70-летия образования Китайской Народной Республики на площади Тяньаньмэнь, Пекин

1 **Переведите следующие словосочетания на русский язык.**

1. 领导核心
2. 党的领导水平
3. 全面从严治党
4. 新时代强军目标
5. 党中央集中统一领导
6. 人民军队革命化现代化正规化水平
7. 政治建军、改革强军、科技强军、人才强军、依法治军

2 **Переведите следующие предложения на китайский язык.**

1. Компартия Китая является руководящим ядром дела социализма с китайской спецификой.
2. Организация – источник силы КПК, и чем сильнее организация, тем сильней армия.
3. Партия руководит всеми сферами – от партийной, административной, военной, общественной вплоть до сферы образования, партийное руководство распространяется на все регионы страны – с запада до востока, с юга до севера.
4. Следует в едином порядке планировать экономическое строительство и строительство национальной обороны, стремясь к достижению процветания государства и одновременному укреплению армии.
5. Политическая дисциплина и политическая этика являются самой основной и самой важной дисциплиной партии; соблюдение политической дисциплины и политической этики является базой соблюдения партийной дисциплины в целом.
6. Наша партия торжественно пообещала, что «станет настолько крепкой, чтобы ковать железо», и мы поклялись, что будем проводить всестороннее устрожение внутрипартийного управления.

3 **Прочитайте предложения. Выберите подходящие глаголы и поставьте их в пропуски в нужной форме.**

ухватиться	оторваться	усиливать	руководствоваться
принимать	изобретать	передавать	прислушиваться
занести	привлекать		

1. Чем ближе осуществление мечты о возрождении нации и чем тяжелее задачи

в рамках проведения реформ и открытости, тем важнее _____ партийное строительство.

2. Мы твёрды, потому что мы стремимся к истине. Мы твёрды, потому что мы _____ закономерностями. Мы твёрды, потому что мы представляем коренные интересы широких народных масс.

3. Мы должны всегда _____ позицию народа за свою основную политическую позицию, ставить интересы народа превыше всего и непрестанно продвигать вперёд дело на благо народа.

4. Мы должны непрестанно что-то открывать, что-то _____, что-то творить и добиваться прогресса, чтобы социализм с китайской спецификой всегда был полон бурлящей жизненной энергии.

5. Великий поход – это славный подвиг народной армии, прославленная народная армия должна наследовать и _____ в века великий дух и образцовый стиль Великого похода.

6. Народ – это небо, народ – это земля. Если мы забудем о народе или _____ от народа, то мы станем рекой без истоков, деревом без корней, и мы ничего не сможем сделать.

7. Карающая рука закона должна крепко сдавить «горло» коррупции и _____ над ней острый меч; нужно придерживаться того, что в данном вопросе нет запретных зон, что око закона всевидяще, и проявлять к коррупции ноль терпимости.

8. Нужно придерживаться правильных ориентиров в деле использования кадров, выбирать и _____ к работе хорошие кадры, способствовать продвижению способных, понижению заурядных и отсеву неблагонадёжных.

9. Неукоснительное подчинение руководству партии – это душа сильной армии. Нужно без малейших колебаний стоять на позиции абсолютного руководства армией со стороны партии, безоговорочного подчинения партийным приказам, всегда _____ к партии и идти за ней.

10. Чтобы понять суть руководящих идей в работе по углублению реформ в сфере национальной обороны и армии, нужно _____ за главное – т. е. за цель усиления армии, поставленную партией в новой обстановке, и в свете этой цели рассматривать, направлять и продвигать реформы.

Дополнительное чтение

Составьте сжатое изложение по содержанию текста и озаглавьте его. (не менее 120 слов)

Сёла Гоуба и Хуамао в провинции Гуйчжоу когда-то были глухими бедными деревеньками, но они оставили свой след в истории революции. В марте 1935 г. через Хуамао прошёл маршрут Великого похода отрядов Красной Армии. А в соседней деревне Гоуба состоялось совещание, ставшее важным продолжением совещания в Цзуньи.

После XVIII съезда КПК в Китае начал активно развиваться туризм, связанный с историей китайской революции – так называемый «красный туризм». Туристическое направление было определено как один из эффективных способов выхода из бедности. Под руководством партийной организации жители сёл Гоуба и Хуамао чётко увидели пути достижения своих целей. В последние годы они сумели объединить «красноармейский туризм» с агротуризмом и успешно избавились от бедности.

Прежде в селе Хуамао не было ни одной приличной дороги. В солнечные дни здесь поднимались тучи пыли, а в дождливые – можно было утонуть в грязи. Сегодня Хуамао считается самым красивым и благоустроенным «революционным» селом в Китае. В 2020 году здесь приняли более миллиона туристов. Реальный располагаемый подушевой доход жителей села превысил 20 тысяч юаней в год. В марте 2020 г. Цзуньи стал первым в провинции Гуйчжоу районом, который полностью избавился от бедности, сократив общую численность малоимущих сельских жителей на более полутора миллионов человек.

Великий поход одного поколения воодушевляет новое поколение на ещё один Великий поход. Жители Цзуньи воспринимают строительство Национального парка культуры «Великий поход» как инновационный прорыв, позволяющий использовать исторические возможности, способствующий модернизации «красного туризма» и дающий импульс возрождению сельских районов, а также интенсивному социально-экономическому развитию в целом. Это начинание демонстрирует новаторский дух Великого похода новой эпохи.

Китай: история успеха

Выполните следующую работу в группах.

1. В докладе председателя Си Цзиньпина представлены 6 требований по вопросу о том, как нам укреплять дух исторического Великого похода и твёрдо идти вперёд по пути сегодняшнего Великого похода. Выберите одно из них, найдите соответствующие иллюстративные данные и напишите по этой теме сочинение. (не менее 150 слов)

2. Подготовьте 5-8-минутную групповую презентацию материалов, связанных с выбранной вами темой.

Гора Цзяцзиньшань, Аба-Тибетско-Цянский автономный округ, пров. Сычуань

Китайская мудрость

Запомните следующее древнее высказывание. Подумайте, о чём оно и какое актуальное значение оно имеет в современном мире.

石可破也，而不可夺坚；丹可磨也，而不可夺赤。

Камень можно разбить в куски, но твёрдость он сохранит; киноварь можно размолоть в порошок, но цвет она не потеряет.

——《吕氏春秋·诚廉》

Для самостоятельного чтения

1. «Руководство КПК – самая существенная особенность социализма с китайской спецификой» 《中国共产党的领导是中国特色社会主义最本质的特征》
   «Си Цзиньпин о государственном управлении II» стр. 23-27
   《习近平谈治国理政》第二卷，第18—21页

2. «Непрерывно укреплять "четыре сознания" и "четыре уверенности", отстаивать "две защиты"» 《不断增强"四个意识"、坚定"四个自信"、做到"两个维护"》
   «Си Цзиньпин о государственном управлении III» стр. 127-134
   《习近平谈治国理政》第三卷，第83—88页

3. «Ни на минуту не забывать о первоначальной цели и миссии, продвигать вперёд самореволюцию» 《牢记初心使命，推进自我革命》
   «Си Цзиньпин о государственном управлении III» стр. 783-794
   《习近平谈治国理政》第三卷，第529—536页

8

Урок

Гармония без однообразия

Мы должны содействовать взаимному уважению и гармоничному сосуществованию между различными цивилизациями, чтобы обмен между ними стал мостом для укрепления дружбы между народами, движущей силой для прогресса человеческого общества и звеном для отстаивания мира во всём мире.

Си Цзиньпин, выступление в штаб-квартире ЮНЕСКО ООН,

27 марта 2014 г.

В ходе дружественного общения китайской нации с другими нациями постепенно сформировался дух Шёлкового пути, характерными чертами которого являются мир и сотрудничество, открытость и инклюзивность, взаимное заимствование, взаимная выгода и обоюдный выигрыш.

Си Цзиньпин, выступление на 31-м коллективном семинаре Политбюро ЦК КПК

18-го созыва, 29 апреля 2016 г.

Вступительное слово

Взаимозаимствования и взаимообмены подразумевают обучение друг у друга. Взаимное обучение между культурами ведёт за собой укрепление связей между различными мировыми цивилизациями.

В марте 2014 г. председатель Си Цзиньпин выступил в штаб-квартире ЮНЕСКО с речью на тему: «Цивилизация становится красочной благодаря обмену, а обогащается путём взаимной учёбы». В рамках этого выступления председатель Си Цзиньпин всесторонне изложил свои взгляды и предложения по вопросам взаимодействия и взаимного обучения цивилизаций.

15 мая 2019 г. председатель Си Цзиньпин выступил с программной речью на церемонии открытия Конференции по диалогу между цивилизациями Азии. Он вновь заявил: цивилизации обмениваются ради разнообразия, взаимно заимствуют в ходе обменов, и развиваются в процессе взаимных заимствований. Идеи председателя КНР вызвали глобальный резонанс. Выражение «взаимное обучение цивилизаций» приобрело актуальность в глобальном масштабе и получило широкое распространение в международных и отечественных СМИ.

Люди всё лучше понимают, что взаимообмены и взаимозаимствования между цивилизациями являются гуманистической основой построения сообщества единой судьбы человечества, мостом дружбы между народами всех стран, движущей силой в развитии национальных культур и поддержания мира во всём мире.

Текст, предлагаемый в этом уроке, представляет собой отрывок из выступления председателя Си Цзиньпина в штаб-квартире ЮНЕСКО ООН (27 марта 2014 г.).

Предтекстовые задания

1 **Прочитайте три следующих микротекста и расскажите, какие эпизоды из истории цивилизационных связей Китая с зарубежными странами описываются в них.**

Для того, чтобы координировать с различными национальностями Западных районов (в династии Хань районы западнее застава Юймэнь и застава Янгуань назывались Западными районами) и вместе сопротивляться гуннам, Чжан Цянь в 138 году до н.э. и в 119 году до н.э. дважды был направлен посланником в Западные районы, доходившие до нынешнего района Центральной Азии, что упрочило связи между Центральной частью Китая и Западными районами и содействовало открытию Шёлкового пути.

В 629 году (по другой версии, в 627 г.) Сюаньцзан добрался до Индии и других мест, где изучал классические труды буддизма, а в 645 году вернулся в Чанъань. Затем он перевёл 75 буддийских канонов в общей сложности 1335 томов и на основе впечатлений от своего путешествия написал книгу «Записки о путешествии на Запад».

В период с 1405 по 1433 год Чжэн Хэ 7 раз, возглавляя грандиозные флотилии, был Посланником в афариканских и азиатских странах, посетил 30 с лишним государств и районов в Юго-Восточной Азии, на побережьях Индийского океана и Красного моря вплоть до восточного берега Африки и исламской святыни Мекки. В истории назвали его плавания «путешествием Чжэн Хэ в Западные океаны». Дальние плавания Чжэн Хэ содействовали экономическому и культурному обмену между Китаем и азиатско-африканскими странами.

Цивилизация становится красочной благодаря обмену, а обогащается путём взаимной учёбы

Обмены с другими создают красочную цивилизацию, а богатство цивилизации достигается путём взаимной учёбы. Обмен между цивилизациями и взаимное заимствование являются важнейшей движущей силой, продвигающей прогресс человеческой цивилизации и развитие мира во всём мире.

В продвижении обмена между цивилизациями нужны правильные подходы и принципы. По-моему, самое главное сводится к следующим принципам.

Во-первых, цивилизация многокрасочна. Человеческая цивилизация имеет ценность ввиду своего многообразия. Солнечный цвет состоит из семи красок. Мир также многокрасочен. Цивилизация одного государства и одной нации является коллективной памятью этого государства и этой нации. В процессе длительной истории человечество создало ряд блестящих цивилизаций. Начиная с дикого, первобытного образа жизни до идиллической пасторальной сельской жизни, с промышленной революции до информационного общества, всё это образовало великолепную панораму цивилизации и вписало волнующие страницы в историю развития цивилизации.

«Буйное цветение одного распустившегося цветка не создаст весны. Только когда расцветают все цветы, наступает разгар весны». Если в мире будет цвести только один сорт цветов, то пусть он даже очень красив, картина будет выглядеть всё-таки монотонно. И китайская цивилизация, и существующие в мире другие цивилизации, все они являются плодами, созданными цивилизацией всего человечества.

Я посещал французский Лувр, также был и в китайском музее Гугун. Там хранятся многочисленные бесценные предметы искусства. Именно они демонстрируют плоды многообразия цивилизации человечества, чем и приковывают к себе внимание людей. Когда мы говорим об обмене и учёбе друг у друга, нам не надо ставить своей целью возвеличить какую-нибудь цивилизацию и принизить другую. 2000 с лишним лет тому назад китайцы уже осознали: «Ассортимент всех видов вещей не может стать полным, тем не менее это нормальное явление». Содействие обмену и заимствованию может обогатить палитру человеческой цивилизации, дать народам мира возможность наслаждаться ещё более содержательной духовной жизнью и открыть разнообразие вариантов будущего.

Во-вторых, все цивилизации являются равноправными. Это и есть предпосылка для обмена и учёбы друг у друга. Различные человеческие цивилизации по своей ценности являются равноправными. У всех есть и свои преимущества, и свои недостатки. В мире нет безупречных цивилизаций, и нет цивилизаций, не имеющих своих достоинств. Цивилизации не делятся на высокие и низкие, хорошие и плохие.

Я бывал во многих местах мира, и моё самое излюбленное дело – это знакомиться с различными цивилизациями на всех пяти континентах, познавать разницу между каждой отдельной цивилизацией и другими, видеть её оригинальность, понимать разные мировоззрения, взгляды на жизнь и представления о ценностях у тех, кто является представителем этой цивилизации. Я был в Чичен-Ице, представляющем древнюю цивилизацию Майя, и был в древнем центроазиатском Самарканде, раскрашенном яркими красками исламской цивилизации. Я глубоко прочувствовал, что нужно подходить ко всему исходя из позиций равноправия и быть скромным, только таким образом мы сможем узнавать истину различных цивилизаций. Если смотришь на какую-либо цивилизацию свысока, то ты не только не сможешь проникнуть в её чудеса, а наоборот, почувствуешь, что у тебя с ней нет ничего общего. История и действительность показали, что чванство и предвзятость являются самой большой преградой в обмене между различными цивилизациями.

В-третьих, цивилизация является инклюзивной. Человеческая цивилизация обладает движущей силой, заключающейся в взаимном обмене и учёбе друг у друга, именно благодаря её инклюзивности. Море большое, потому что в него стекаются сотни рек. Созданные человечеством различные цивилизации являются квинтэссенцией труда и ума разных народов. Каждая цивилизация является оригинальной. В вопросах цивилизации механический подход или навязывание чуждого, попытки подгона под привычные каноны не только не могут принести полезные плоды, но и очень вредны. Все достижения цивилизации заслуживают уважения, все плоды цивилизации должны быть достойно оценены.

История говорит нам, что цивилизация может быть жизнеспособной только в условиях обмена и учёбы друг у друга. Дух инклюзивности сделает невозможным появление «конфликта цивилизаций» и поможет осуществить гармонию цивилизаций, что соответствует китайской пословице: «Кому редька, а кому капуста – каждому нравится своё».

Китайская цивилизация пережила 5000-летние исторические изменения, но она всегда наследовала и отражала самое глубокое духовное устремление китайской нации, представляет собой её оригинальные духовные знаки и давало богатую пищу для жизни, развития и укрепления нации. Китайская цивилизация родилась на территории Китая, но она в то же время развивалась на базе непрерывного обмена с другими цивилизациями.

Примерно в 100-м году до н.э. Китай уже открыл Шёлковый путь, который из Китая вёл к Западным районам. При Ханьской династии Чжан Цянь в 138 году до н.э. и в 119 году до н.э. дважды был направлен в Западные районы, где он распространил китайскую культуру, а также привёз оттуда такие культурные растения, как виноград, люцерна, гранат, лён, кунжут и другие. В период династии Западная Хань китайская флотилия уже доплыла до Индии и Шри-Ланки, получила в обмен на китайский шёлк глазурь, жемчуг и другие предметы. Танская династия Китая была периодом оживлённых культурных обменов с заграницей. Согласно историческим записям во времена династии Тан Китай поддерживал дипломатические и дружественные отношения с более чем 70 странами. Тогда в столице Чанъане скапливались большие группы дипломатов, иностранных торговцев и студентов. Этот большой обмен содействовал распространению китайской культуры в мире, и также стимулировал появление культуры и продукции различных стран в Китае. В начале XV века известный мореплаватель Минской династии Китая Чжэн Хэ семь раз совершал дальние плавания, дошёл до многих стран Юго-Восточной Азии и дальше, вплоть до Кении на восточном берегу Африки. Во время его плавания произошло много эпизодов дружественных обменов Китая с народами прибрежных стран. В конце династии Мин и начале династии Цин китайцы активно учились современной науке и технике, европейская астрономия, медицина, математика, геометрия, география и так далее пришли в Китай, расширили области знаний китайцев. После этого продолжили происходить взаимные обмены и учёба, в процессе которых случались и конфликты, возникали противоречия, кое-что вызывало подозрение и приводило к неприятию, но учёба, привлечение нового, слияние и новаторство были главным в этих контактах.

Буддизм берёт своё начало в Древней Индии. После того как дошёл до Китая, он длительно развивался параллельно с конфуцианской и даосской культурами, в конце концов сформировалась буддийская культура с китайской спецификой, которая оказала на китайский народ глубокое влияние, сказалась на его вероисповеданиях, философских взглядах, литературе и искусстве, обрядах и обычаях и т.д. и т.п. При Танской династии Китая Сюаньцзан путешествовал на Запад, чтобы получить буддийские каноны. Он преодолел массу трудностей и пережил много невзгод, но он сумел проявить твёрдый дух и терпение, свойственные китайскому народу, желающему учиться у иностранной культуры. Я думаю, что вам всем известен сказочный роман «Путешествие на Запад», который был написан именно по мотивам истории Сюаньцзана. Китайцы исходя из собственной культуры развили буддийскую идеологию, создали оригинальную буддийскую теорию и распространили буддизм в Японию, Корею и Юго-Восточную Азию и т.д.

За 2000 с лишним лет буддизм, ислам, христианство в разное время распространились в Китае. А китайская музыка, искусство и литература непрерывно перенимали преимущества внешней цивилизации. Традиционная китайская живопись слилась с западным искусством масляной живописи и образовала собственное направление, в котором сочетались масляная живопись и китайское искусство живописи «сеи», а произведения художника, мастера кисти Сюй Бэйхуна и других выдающихся мастеров заслужили всеобщее восхищение. Четыре китайских изобретения – производство бумаги, порох, типографская печать и компас, вызвали перемены в мире, подтолкнули Возрождение в Европе. Китайская философия, литература, медицина, шёлк, фарфор, чай и др. дошли до Запада и проникли в повседневную жизнь народа этих стран. «Книга о разнообразии мира» (книга Марко Поло, изданная в XIV в.) заставила многих людей начать всем сердцем стремиться к Китаю.

<...>

В. Гюго сказал, что «самое широкое в мире – это море. А ещё шире по сравнению с морем – это небо, а ещё шире по сравнению с небом – это человеческая душа». По отношению к различным цивилизациям мы должны иметь душу шире неба. Цивилизация подобна воде, которая безмолвно орошает почву. Мы должны содействовать взаимному уважению и гармоничному сосуществованию между различными цивилизациями, чтобы обмен между ними стал мостом для укрепления дружбы между народами, движущей силой для прогресса человеческого общества и звеном для отстаивания мира во всём мире. Мы должны в различных цивилизациях находить ум, получать от них пищу и предоставлять людям духовную опору и душевное утешение с тем, чтобы вместе ответить на различные вызовы, стоящие перед человечеством.

<...>

Новые слова

кра́сочный 多彩的

заи́мствование 借鉴

идилли́ческий 田园诗的

пастора́льный 田园的

панора́ма 图谱

бу́йный （指植物）繁茂的

цвете́ние 繁荣

распуска́ться несов. // распусти́ться сов. （花等）开放

разга́р 极盛时期

моното́нно 单调地

прико́вывать несов. // прикова́ть сов. *кого-что* 引起注意

возвели́чивать несов. // возвели́чить сов. *кого́-что* 推崇

принижа́ть несов. // прини́зить сов. *кого́-что* 贬损

ассортиме́нт 种类

пали́тра 色彩

наслажда́ться несов. // наслади́ться сов. *кем-чем* 享受

безупре́чный 十全十美的

излю́бленный 最喜欢的

оригина́льность 独到之处

раскра́шивать несов. // раскра́сить сов. *кого́-что* 为……着色

исла́мский 伊斯兰教的

чва́нство 傲慢

предвзя́тость 偏见

прегра́да 障碍

инклюзи́вный 包容的

квинтэссе́нция 〈文语〉精髓

навя́зывание 强迫接受

подго́н 使适应

кано́н 准则

люце́рна 苜蓿

насле́довать несов. и сов. *чему́* 继承

лён 亚麻

кунжу́т 芝麻

флоти́лия 船队

глазу́рь 琉璃

ска́пливаться несов. // скопи́ться сов. 汇集

впло́ть （与 до 连用）直到

эпизо́д 事件

геоме́трия 几何学

слия́ние 融合

конта́кт 接触

будди́зм 佛教

ска́зываться несов. // сказа́ться сов. *на чём* 影响

вероисповéдание 宗教信仰

обря́д 礼仪

христиáнство 基督教

пóрох 火药

утешéние 慰藉

Работа над текстом

1 В следующей таблице представлен план текста. Заполните пробелы, чтобы его завершить.

Принципы взаимодействия между цивилизациями заключаются в следующих трёх аспектах.	• Во-первых, _____; • Во-вторых, _____; • В-третьих, _____.
Исторические события, связанные с культурными обменами Китая с иными странами.	• Примерно в 100-м году до н.э. _____. • При Ханьской династии в 138 году до н.э. и в 119 году до н.э. _____. • При династии Тан _____. • В начале XV века _____. • В конце династии Мин и начале династии Цин _____. • Традиционная китайская живопись _____. • Четыре китайских изобретения _____.

2 **Ответьте на следующие вопросы по содержанию текста.**

1. Что является движущей силой прогресса человеческой цивилизации, обеспечивающей мир во всём мире?

2. Чем французский Лувр и китайский музей Гугун приковывают к себе внимание людей?

3. Как вы понимаете афоризм «Море большое, потому что в него стекаются сотни рек»?

4. Что осталось неизменным в китайской цивилизации, несмотря на её изменения в течение 5000 лет?

5. Что автор текста хочет показать, упоминая истории Чжан Цяня, Чжэн Хэ, Сюаньцзана и Сюй Бэйхуна?

6. Знаете ли вы, какие изобретения и открытия подарил Китай миру?

3 **Выполните следующее задание.**

Инициатива «Один пояс – один путь» прошла большой путь развития с момента своего запуска, стала одним из крупнейших в мире, одним из наиболее ключевых и значимых проектов международного сотрудничества, оказала долговременное влияние на весь мир. Открытие первого китайско-казахстанского логистического хаба в Ляньюньгане (КНР), железной дороги «Китай – Лаос» и других проектов позволяет Китаю выйти на ещё более тесные отношения партнёрства с близлежащими странами, наращивать темпы роста в логистике, внешней торговле и прочих областях экономики, стимулировать потребление, экономическое развитие.

А что вы знаете о проектах международного сотрудничества в рамках «Один пояс – один путь»? Касаются ли они лично вас? Подготовьте на эту тему небольшое сообщение на 3-5 минут.

Речевые упражнения

Мегамост через реку Юаньцзян на железной дороге «Китай – Лаос», пров. Юньнань

1 **Переведите следующие словосочетания на русский язык.**

1. 中华文明

2. 人文精神

3. 中国四大发明（造纸术、火药、印刷术、指南针）

4. 人类命运共同体

5. 世界观、人生观、价值观

6. 儒家文化、道家文化、具有中国特色的佛教文化

2 **Переведите следующие предложения на китайский язык.**

1. Инициатива «Один пояс – один путь» отвечает тенденции эпохи, законам развития, соответствует интересам людей всех стран и имеет широкие перспективы.

2. Красота цивилизации воплощена в классических произведениях философии и общественных наук, в музыкальных произведениях, в кино и в телесериалах.

3. Углубление гуманитарных обменов и взаимозаимствований – это важный путь

устранения отчуждённости и недоразумений, содействия взаимопониманию и
сближению народов.

4. В Китае есть ещё много других памятников цивилизации, которые были
включены в списки культурного наследия мира, нематериального культурного
наследия мира и наследия памяти мира.

5. Межцивилизационные обмены и заимствования должны проводиться на
паритетной и равноправной основе, а не на основе принуждения; должны
быть плюралистическими и многовекторными, а не однозначными или
однонаправленными.

6. Китайская технология изготовления бумаги, порох, книгопечатание, компас,
астрономическая календарная система, философские идеи, концепция
«народ превыше всего» и т. д. имеют глубокое влияние в мире и значительно
способствовали развитию человеческой цивилизации.

3 **Прочитайте предложения. Выберите подходящие глаголы и поставьте их в
пропуски в нужной форме.**

сохранять	консолидировать	отбрасывать	заботиться
нести	способствовать	проявлять	заменять
относиться	отобразиться		

1. Цивилизации должны осуществлять диалог и обмены, не пытаясь исключать
и _____ собой друг друга.

2. Каждая из культур является квинтэссенцией прекрасного и _____
красоту создания. Все прекрасные вещи являются взаимопроникающими.

3. Каждая цивилизация _____ в себе мудрость и вклад различных
наций, и ни одна из цивилизаций не имеет преимущества перед другими, не
может быть выше или лучше других.

4. Многообразие человеческих цивилизаций делает этот мир ярче и многоцветнее,
многообразие _____ обменам, которые ведут к интеграции, а
интеграция открывает возможности для прогресса.

5. Мир может _____ своё многообразие и процветать лишь при
условии взаимного уважения, взаимного заимствования положительных
моментов и гармоничного сосуществования.

6. История человечества подобна грандиозному полотну, на котором _____
_____ процесс активных обменов, взаимных заимствований и интеграции

разных цивилизаций.

7. Мы должны уважать все цивилизации и _____ к ним как к равным, мы должны учиться друг у друга, собирая и накапливая самое ценное, ускоряя, таким образом, созидательное развитие общечеловеческой цивилизации.

8. Каждая цивилизация укореняется на земле своего существования, _____ _____ необыкновенную мудрость и духовные стремления того или иного государства, той или иной нации, имеет свою ценность существования.

9. Чтобы осуществлять непрерывное развитие цивилизаций, не только нужно передавать и оберегать их достижения и плоды из поколения в поколение, но и в соответствии с тенденциями развития эпохи _____ устаревшее и создавать новое.

10. Коммунистическая партия Китая _____ о будущем и судьбе человечества, рука об руку движется вперёд со всеми прогрессивными силами мира. Китай будет неизменно содействовать миру во всём мире, вносить свой вклад в глобальное развитие и защищать международный порядок.

Дополнительное чтение

Составьте сжатое изложение по содержанию текста и озаглавьте его. (не менее 120 слов)

В мае 2019 г. на церемонии открытия Конференции по диалогу между цивилизациями Азии с программной речью выступил председатель Си Цзиньпин. Председатель Си Цзиньпин заявил, что в отношениях между цивилизациями чрезвычайно важны обмен достижениями и взаимное обучение. Именно эти аспекты межцивилизационного диалога лежат в основе общего прогресса человечества. Активные контакты с другими цивилизациями, выражавшиеся прежде всего в обмене достижениями и взаимном обучении, содействовали формированию великой китайской цивилизации, которой свойственны открытость и динамичность.

Председатель Си Цзиньпин выделил основные принципы взаимодействия цивилизаций. Он подчеркнул, что цивилизации равноправны. Каждая из них самобытна и уникальна. Диалог цивилизаций должен строиться на основе взаимоуважения. По отношению к цивилизациям совершенно недопустимы высокомерие и предвзятость. Практика разделения цивилизаций на «лучшие» и «худшие» глубоко порочна, это тупиковый путь. Следует всемерно поддерживать диалог культур, стремиться находить сходства и различия между собственной и другими цивилизациями.

Председатель Си Цзиньпин отметил необходимость сохранять многообразие цивилизаций, «многокрасочность» мира. Каждая цивилизация по-своему привлекательна, у каждой – своя неповторимая красота. Страны современного мира должны не только обогащать собственные цивилизации, но и создавать условия для развития других культур, тем самым способствуя процветанию мировой цивилизации в целом.

Лидер КНР также отметил большую значимость открытости и инклюзивности цивилизаций. Необходимо постоянно перенимать опыт, учиться друг у друга. Взаимный обмен положительным опытом и взаимное обучение порождают ту энергию, которая обеспечивает прогресс цивилизации. Однако такое взаимодействие должно быть органичным, равноправным и многоаспектным. Нужно решительно разрушать барьеры в межкультурной коммуникации, принимать и использовать лучшие достижения иных культур, продвигать цивилизации Азии в мире посредством общения и взаимного обучения.

Председатель Си Цзиньпин подчеркнул важность инновационного развития, необходимость идти в ногу со временем. Цивилизации должны непрерывно совершенствоваться, вбирая в себя ключевые достижения эпох. Современным странам необходимо стимулировать устойчивое развитие цивилизаций на инновационной основе, стремясь при этом получить результаты, обладающие высокой привлекательностью и исторической значимостью.

Китай: история успеха

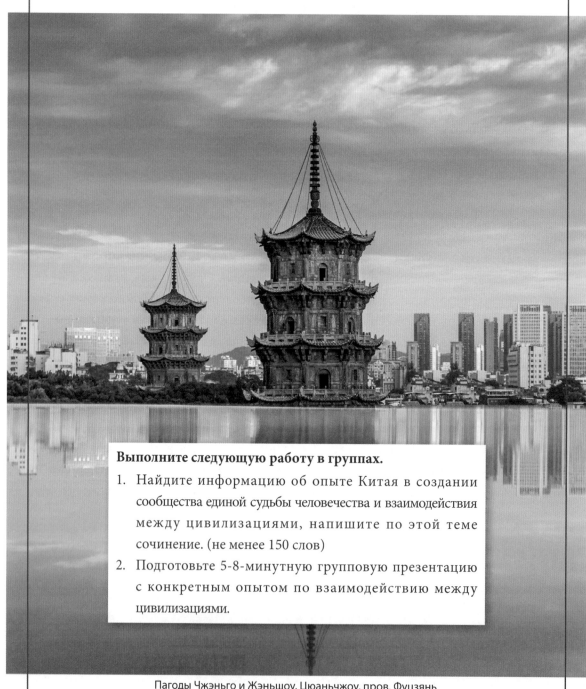

Выполните следующую работу в группах.

1. Найдите информацию об опыте Китая в создании сообщества единой судьбы человечества и взаимодействия между цивилизациями, напишите по этой теме сочинение. (не менее 150 слов)

2. Подготовьте 5-8-минутную групповую презентацию с конкретным опытом по взаимодействию между цивилизациями.

Пагоды Чжэньго и Жэньшоу, Цюаньчжоу, пров. Фуцзянь

Китайская мудрость

Запомните следующее высказывание. Подумайте, какое актуальное значение оно имеет в наше время.

各美其美，美人之美，美美与共。

Ценить свою форму красоты, ценить форму красоты других народов, соединить формы красоты всех народов.

——费孝通《"美美与共"和人类文明》

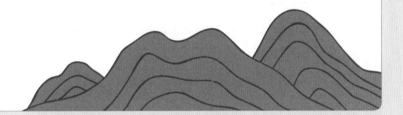

Для самостоятельного чтения

1. «Совместное формирование новых портнёрских отношений сотрудничества и взаимного выигрыша, создание сообщества единой судьбы» 《携手构建合作共赢新伙伴，同心打造人类命运共同体》

   «Си Цзиньпин о государственном управлении II» стр. 745-753

   《习近平谈治国理政》第二卷，第 521—526 页

2. «Углублять межкультурные обмены, совместно строить сообщество единой судьбы Азии» 《深化文明交流互鉴，共建亚洲命运共同体》

   «Си Цзиньпин о государственном управлении III» стр. 686-695

   《习近平谈治国理政》第三卷，第 465—472 页

3. «Необходимо работать вместе, чтобы держать будущее и судьбу человечества в наших руках» 《共同努力把人类前途命运掌握在自己手中》

   «Си Цзиньпин о государственном управлении III» стр. 679-682

   《习近平谈治国理政》第三卷，第 460—462 页

9

Урок

Куда идут цивилизации?

UNITED NATIONS **NATIONS UNIES**

Идти по пути мирного развития – это стратегический выбор нашей партии, сделанный ею в соответствии с основным течением развития современной эпохи и коренными интересами страны.

Си Цзиньпин, выступление на 3-м коллективном семинаре Политбюро ЦК КПК 18-го созыва, 28 января 2013 г.

Дипломатия является концентрированным проявлением государственной воли, необходимо придерживаться принципа, согласно которому полнота дипломатических полномочий находится в руках ЦК КПК.

Си Цзиньпин, выступление на Рабочем совещании ЦК КПК по иностранным делам, 22 июня 2018 г.

Дворец Наций ООН, Женева

Вступительное слово

В 1964 году Маршалл Маклюэн, теоретик средств массовой информации и коммуникации, ввёл термин «глобальная деревня». Мы живём в мире, части которого становятся всё более взаимосвязанными социально, культурно, политически, экономически и экологически. Лидер движения за гражданские права Мартин Лютер Кинг однажды сказал: «До того, как вы закончите завтракать сегодня утром, вы уже зависели от более чем половины мира». В книге «Плоский мир» Томас Фридман описывает, как глобализация выровняла глобальное «игровое поле». В последние годы пандемия COVID-19 как никогда ясно показала значимость сообщества единой судьбы человечества.

18 января 2017 г. в выступлении в представительстве ООН в Женеве председатель Си Цзиньпин всесторонне изложил, почему и как необходимо создать «сообщество единой судьбы человечества». Эта концепция воплощает китайское видение глобального порядка, включающее равные возможности представительства, взаимодействие, широкое разнообразие и взаимопонимание, основанное на духе открытости, инклюзивности, взаимного уважения и любви к Матери-Земле. В марте 2018 г. понятие «сообщество единой судьбы человечества» было внесено в Конституцию Китая, что обозначило его роль как одного из ключевых в политике, определяющей развитие Китая и его дипломатию в новую эпоху.

Данная концепция также была одобрена ООН и внесена в несколько резолюций этой организации.

Текст, предлагаемый в этом уроке, представляет собой отрывок из выступления председателя Си Цзиньпина в штаб-квартире ООН в Женеве (18 января 2017 г.).

Предтекстовые задания

1 **Прочитайте три следующих микротекста и расскажите, когда произошли описанные в них события.**

Вестфальский мир – ряд мирных договоров, заключённых в 1648 году в епископствах Мюнстер и Оснабрюке в Вестфалии и фактически положивших конец европейским религиозным войнам. Ими завершилась Тридцатилетняя война (1618-1648 гг.) в Европе и была установлена новая система международных отношений.

Парижское соглашение по климату принято по итогам 21-й конференции Рамочной конвенции ООН об изменении климата (РКИК; 1992) в Париже в целях борьбы с изменением климата и его негативными последствиями. Официальное название документа – Парижское соглашение согласно Рамочной конвенции об изменении климата. Его поддержали все 197 участников РКИК (193 страны-члена ООН, а также Палестина, Ниуэ, Острова Кука и ЕС).

Весной 1954 г. китайская делегация во главе с Чжоу Эньлаем прибыла в Женеву для участия в обсуждении вопросов о восстановлении мира в Индокитае. Впервые КНР в качестве одной из пяти ведущих стран (Китай, СССР, США, Великобритания и Франция) участвовала в столь важной международной конференции. В ходе Женевской конференции Чжоу Эньлай встретился с делегатами разных стран. Вне рамок конференции он общался с представителями зарубежной общественности, включая известного артиста Чарли Чаплина. Чжоу Эньлай пригласил иностранных друзей на просмотр китайского цветного фильма «Любовная история Лян Шаньбо и Чжу Интай». Искренность, откровенность, гибкость ума и личное очарование Чжоу Эньлая произвели неизгладимое впечатление на всех, кто с ним общался, особенно на тех, кто никогда раньше не имел никаких контактов с представителями КНР.

Совместное создание мирового сообщества единой судьбы

<...>

Сделать так, чтобы пламя мира передавалось из поколения в поколение, чтобы не иссякал источник движущей силы развития, а блеск цивилизации не терял своей яркости, – это не просто мечтания народов всех стран, это обязанность, которую должно взять на себя наше поколение политиков. Китай предлагает свой сценарий: создать мировое сообщество единой судьбы, претворить в жизнь идею общего выигрыша и совместного пользования плодами развития.

Идея порождает действия, а направление определяет выход из трудностей. Если мы посмотрим на период новой истории, то увидим, что строительство справедливого и разумного международного порядка – это и есть цель, которую неустанно преследует человечество. Более 360 лет назад в Вестфальском мирном договоре были выдвинуты принципы равенства и суверенитета, 150 лет назад Женевская конвенция упрочила дух международного гуманизма; более 70 лет назад в Уставе ООН были чётко сформулированы 4 цели и 7 принципов международных отношений, а 60 лет назад на Бандунгской конференции были озвучены пять принципов мирного сосуществования «панча-шила». Таким образом, в процессе эволюции международных отношений был накоплен целый ряд общепризнанных принципов, которые и должны лечь в основу создания мирового сообщества единой судьбы.

Суверенное равенство на протяжении сотен лет является самым важным принципом, регулирующим взаимоотношения между странами. Это также важнейший принцип, которого придерживается Организация Объединённых Наций и все её структуры. Истинный смысл суверенного равенства заключается в том, что страны не делятся на большие и малые, сильные и слабые, богатые и бедные – суверенитет и достоинство каждой из них должны пользоваться уважением, не допуская вмешательства во внутреннюю политику. Каждая страна имеет право самостоятельно выбирать систему социального устройства и свой путь развития. В таких структурах, как ООН, Всемирная торговая организация, Всемирная организация здравоохранения, Всемирная организация интеллектуальной собственности, Всемирная метеорологическая организация, Международный союз электросвязи, Всемирный почтовый союз, Международная организация по миграции, Международная организация труда и т.д., все страны в равной степени участвуют в принятии решений и тем самым формируют важную силу в совершенствовании системы глобального управления. В новой обстановке мы по-прежнему должны соблюдать принцип суверенного равенства и работать над обеспечением равенства прав, возможностей и правил для всех стран.

В Женеве в своё время была принята Заключительная декларация по вопросу восстановления мира в Индокитае, здесь в период «холодной войны» состоялась первая встреча лидеров двух больших противостоящих лагерей, нацеленная на примирение, Женева была свидетелем диалогов и переговоров по Иранскому ядерному вопросу, по Сирии и другим горячим точкам. История и современность доказывают, что общение и консультации – это эффективная тактика устранения разногласий, а политические переговоры – основной путь в урегулировании конфликтов. Если иметь искреннее желание, следовать добрым намерениям и проявлять политическую мудрость, то можно разрешить и самые серьёзные конфликты, сломать самый толстый лёд.

«Закон кладёт начало политическому порядку». В Женеве на основе Устава ООН был подписан целый ряд международных конвенций и правовых документов в таких областях, как политическая безопасность, развитие торговли, социальные права человека, наука и техника, здравоохранение, трудовые и имущественные права, культура и спорт и т.д. Жизнеспособность закона определяется его реализацией на практике. Каждое государство обязано защищать авторитет международного права, осуществлять свои права в соответствии с законом и добросовестно выполнять взятые на себя обязательства. Жизнеспособность закона также определяется его беспристрастностью и справедливостью. Все страны и международные судебные органы должны обеспечивать равное, единообразное применение норм международного права. Политика двойных стандартов недопустима, как недопустим и такой подход, когда «подходит – используем, не подходит – отбрасываем». В древности говорили: «Беспристрастие и справедливость – основа добродетельного правления». Нам нужно на практике реализовать эту идею.

«Океан принимает в себя тысячи рек, и это делает его великим». Открытость и толерантность Женевы создали арену для развития многосторонней дипломатии. Мы должны содействовать демократизации международных отношений, отвергая гегемонизм какой-либо одной страны или «совместное управление» нескольких стран. Судьбу мира должны определять все страны вместе, нужно совместно писать международные правила, управлять глобальными делами и совместно пользоваться результатами развития.

В 1862 году господин Анри Дюнан в своей книге «Воспоминание о битве при Сольферино» задался вопросами: «Можно ли создать гуманитарную организацию?», «Можно ли разработать гуманитарную конвенцию?» На «вопросы Дюнана» очень скоро были получены ответы. Спустя год был создан Международный комитет Красного Креста, который за 150 лет развития стал символизировать дух гуманизма, стал его знаменосцем. Перед лицом частых гуманитарных кризисов мы должны развивать дух человечности, всеобщей любви и самоотверженности, отдавать свою любовь и заботу ни в чём не повинным людям, попавшим в беду, дарить им надежду. Необходимо придерживаться основных принципов нейтралитета, справедливости и независимости, не допускать политизации гуманитарных вопросов, настаивать на демилитаризации гуманитарной помощи.

<...>

«Великая истина всегда предельно проста, но главным в её достижении являются реальные действия». В создании мирового сообщества единой судьбы ключевыми являются действия. Я считаю, что международное сообщество должно прилагать усилия в работе по таким направлениям как партнёрство, структура безопасности, экономическое развитие, межкультурные обмены, экологическое строительство и т.д.

– Создание прочного мира на планете путём диалога и консультаций. <...>

<...>

– Создание мира всеобщей безопасности путём общих усилий и совместного пользования их плодами. <...>

<...>

– Создание мира всеобщего процветания путём взаимовыгодного сотрудничества. <...>

<...>

– Создание открытого инклюзивного мира путём обменов и взаимозаимствований. <...>

<...>

– Создание чистого и красивого мира за счёт «зелёного» и

низкоуглеродного пути развития. <...>

<...>

Китайцы всегда считали, что Китаю хорошо, только если всему миру хорошо; а если Китаю хорошо, то всему миру будет ещё лучше. На пороге будущего многие люди обеспокоены направлением политики Китая, в международном сообществе звучат по этому поводу различные мнения. Сейчас я хочу дать на это чёткий ответ.

Во-первых, решимость Китая защищать мир во всём мире остаётся неизменной. <...>

<...>

Во-вторых, остаётся неизменным стремление Китая содействовать совместному развитию. <...>

<...>

В-третьих, остаётся неизменным стремление Китая создавать отношения партнёрства. <...>

<...>

В-четвёртых, остаётся неизменной решимость Китая поддерживать мультилатерализм. <...>

<...>

В Древнем Китае говорили: «Тот, кто учится, приобретает знания, а тот, кто действует, преодолевает любые трудности». Строительство мирового сообщества единой судьбы – это прекрасная цель, для достижения которой должны последовательно трудиться люди не одного поколения. Китай готов совместно с большинством стран-участниц ООН, международными организациями и учреждениями продвигать великий процесс строительства мирового сообщества единой судьбы.

<...>

Новые слова

иссяка́ть несов. // исся́кнуть сов. 消耗（尽）

я́ркость 亮度

сцена́рий 方案

Вестфа́ль 威斯特伐利亚

Жене́ва 日内瓦

конве́нция 公约

Банду́нг 万隆

здравоохране́ние 卫生

интеллектуа́льный 知识的

метеорологи́ческий 气象的

мигра́ция 移民

Индокита́й 印度支那

Ира́н 伊朗

Си́рия 叙利亚

урегули́рование 调节

иму́щественный 财产的

беспристра́стие 公平

толера́нтность 包容

гегемони́зм 霸权主义

Анри́ Дюна́н 亨利·杜楠

Сольфери́но 沙斐利洛

знамено́сец 旗手

демилитариза́ция 非军事化

низкоуглеро́дный 低碳的

мультилатерали́зм 多边主义

Работа над текстом

1 **Выберите подходящее продолжение для каждого из предложений.**

Китай предлагает свой сценарий:_____.	A. самым важным принципом, регулирующим взаимоотношения между странами
Идея порождает действия, _____.	B. кладёт начало политическому порядку
Суверенное равенство на протяжении сотен лет является _____.	C. и это делает его великим
Если иметь искреннее желание, следовать добрым намерениям и проявлять политическую мудрость, _____.	D. а направление определяет выход из трудностей.
Закон _____.	E. но главным в её достижении являются реальные действия
Океан принимает в себя тысяч рек, _____.	F. а если Китаю хорошо, то всему миру будет ещё лучше.
"Великая истина всегда предельно проста, _____.	G. это прекрасная цель, для достижения которой должны последовательно трудиться люди не одного поколения.
Китайцы всегда считали, что Китаю хорошо, только если всему миру хорошо; _____.	H. то можно разрешить и самые серьёзные конфликты, сломать самый толстый лёд.
Строительство мирового сообщества единой судьбы – _____.	I. создать мировое сообщество единой судьбы, претворить в жизнь идею общего выигрыша и совместного пользования плодами развития.

2 **Ответьте на следующие вопросы по содержанию текста.**

1. Какие общепризнанные принципы должны лечь в основу создания мирового сообщества единой судьбы?
2. В чём заключается истинный смысл суверенного равенства?
3. Что явилось основой для подписания целого ряда международных конвенций и правовых документов в Женеве?

4. Какими вопросами задался Анри Дюнан в своей книге «Воспоминание о битве при Сольферино»?

5. Что нам следует делать в условиях частых гуманитарных кризисов?

6. Какой ответ в отношении основных направлений политики Китая председатель Си Цзиньпин дал всему миру?

3 *Выполните следующее задание.*

Председатель Си Цзиньпин подчеркнул, что необходимо продвигать «Дух Бандунга» и содействовать созданию нового типа международных отношений.

Найдите материалы, касающиеся Бандунгской конференции, и подготовьте 3-5-минутную презентацию на тему «Дух Бандунгской конференции и её историческое значение».

Речевые упражнения

1 **Переведите следующие словосочетания на русский язык.**

1. 和平发展道路
2. 新型国际关系
3. 全球伙伴关系
4. 统筹国内国际两个大局
5. 独立自主的和平外交政策
6. 全球治理体系改革和建设

2 **Переведите следующие предложения на китайский язык.**

1. Мы будем продолжать идти по пути мирного развития, но ни в коем случае не будем отказываться от своих законных прав, ни в коем случае не будем жертвовать ключевыми интересами страны.

2. Китай будет идти по пути мирного развития, и другие страны также будут следовать этому направлению. Только в случае, когда все страны будут идти путём мирного развития, они смогут совместно развиваться и добиваться мирного сосуществования.

3. Вопросы национального суверенитета должны решаться правительством и народом соответствующего государства. Что касается проблем глобального характера, то они могут быть урегулированы путём совместных консультаций между правительствами и народами стран.

4. Основной курс нашей страны на развитие отношений с сопредельными странами строится на доброжелательности. Мы относимся к ним как к партнёрам, отстаиваем принцип добрососедства, поддержания добрых отношений с сопредельными странами и достижения общего процветания, – всё это рельефно воплощает в себе концепцию «доброжелательности, искренности, взаимовыгодности и инклюзивности».

5. Совместное строительство «Одного пояса – одного пути» отвечает внутренним требованиям реформирования системы глобального управления и раскрывает суть идеи строительства сообщества единой судьбы человечества, которое ведётся в духе единства и совместного распределения прав и обязанностей, предоставляя новые идеи и новые решения для улучшения реформы глобальной системы управления.

6. Реализуя инициативу «Один пояс – один путь», мы обязаны сделать так, чтобы в отношениях между различными цивилизациями на смену отчуждению пришёл взаимообмен, на смену столкновениям – познание друг друга, на смену чувству собственного превосходства – сосуществование. Это укрепит взаимопонимание, взаимное уважение и взаимное доверие между разными странами.

3 **Прочитайте предложения. Выберите подходящие глаголы и поставьте их в пропуски в нужной форме.**

обладать	двигаться	делиться	набирать
поддерживать	наследовать	направлять	уважать
выступать	отказаться		

1. Культура не _____ на высокую и низкую, хорошую и плохую, в ней можно только выделять самобытность и региональные особенности.

2. Рост сил мира всегда будет опережать рост факторов войны, современные тенденции мира, развития, сотрудничества и общего выигрыша всё больше _____ силу.

3. Крупные страны должны относиться к малым государствам как к равным, перестать ставить себя превыше всех и _____ от навязывания и принуждения.

4. Надо придерживаться правильного соотношения справедливости и выгоды, _____ баланс между ними, быть честными и верными своему слову, ценить дружбу, бороться за справедливость и нравственные ценности.

5. Надо твёрдо придерживаться позиции невмешательства во внутреннюю политику других стран; _____ социальную систему и выбор народов других стран в отношении путей развития.

6. Всегда решать расхождения и конфликты между странами мирным путём посредством диалога и консультаций, _____ против применения военной силы и военных угроз при любых обстоятельствах.

7. Перед лицом возможностей и вызовов, принесённых экономической глобализацией, правильный выбор – в полной мере использовать все возможности, совместно противостоять вызовам, _____ экономическую глобализацию по верному курсу.

8. Мир, согласие и гармония – это концепции, к реализации которых китайская нация неустанно стремится и которые она _____ на протяжении более чем пяти тысячелетий. В крови китайской нации нет генов захватчиков и гегемонов.

9. Китайский народ – это народ, который стремится к справедливости и не поддаётся насилию, а китайцы – это нация, которая _____ сильным чувством национальной гордости и уверенности.

10. Прислушиваясь к голосу народа, мы должны принять эстафетную палочку истории и продолжить смело _____ вперёд по беговой дорожке в этом марафоне мира и развития.

Дополнительное чтение

Составьте сжатое изложение по содержанию текста и озаглавьте его. (не менее 120 слов)

17 мая 2020 г. председатель Си Цзиньпин направил ответное письмо пакистанским студентам, обучающимся в Пекинском научно-техническом университете. Глава государства озвучил приветствие замечательным молодым людям, приехавшим учиться в Китай из разных стран.

Узнав, что за время учёбы в Китае студенты приумножили свои знания и завели немало китайских друзей, председатель Си Цзиньпин заявил, что он рад их успехам.

Председатель Си Цзиньпин отметил: «Уверен, вы почувствовали, что после вспышки эпидемии COVID-19 китайское правительство и китайские университеты проявили большую заботу о безопасности жизни и здоровья иностранных учащихся, оказывают им всестороннюю помощь. Жизнь – это самое главное. Забота и внимание со стороны китайского правительства и китайского народа проявляются в равной мере по отношению к китайским гражданам и к иностранцам, проживающим в Китае».

«Мне сообщили, что в этот сложный период эпидемии многие обучающиеся в Китае иностранные студенты разными способами оказывали поддержку китайскому народу. Друзья познаются в беде. Китай и впредь будет оказывать различную помощь всем обучающимся в КНР иностранным студентам. Страна приветствует молодых людей, прибывающих из других стран к нам на обучение. Мы надеемся, что все вы сможете больше узнать о Китае и рассказать миру о нашей стране всё, что увидели своими глазами, установить больше контактов с китайской молодёжью, чтобы внести совместный вклад в укрепление взаимосвязей между народами разных стран и содействовать формированию сообщества единой судьбы человечества», – пишет глава государства.

В настоящее время в Пекинском университете науки и техники обучаются 52 пакистанских студента. Недавно в письме, адресованном председателю Си Цзиньпину, они поделились своими впечатлениями об учёбе в Китае и выразили благодарность университету за заботу и помощь, оказанные им после вспышки эпидемии COVID-19.

Они также выразили своё стремление после окончания университета участвовать в реализации проекта «Один пояс – один путь» и внести свой вклад в укрепление китайско-пакистанской дружбы.

Китай:
история
успеха

Выполните следующую работу в группах.

1. Возьмите интервью у учащихся в вашем университете иностранцев, выясните, что они знают о концепции сообщества единой судьбы человечества. Напишите по интервью сочинение. (не менее 150 слов)

2. Подготовьте 5-8-минутную групповую презентацию на основе взятого вами интервью.

Китайская мудрость

Запомните следующее древнее высказывание. Подумайте, какое актуальное значение оно имеет в современном мире.

和羹之美，在于合异。

Вся прелесть хорошо приправленного супа кроется в сочетании разных вкусовых оттенков.

——西晋陈寿《三国志・魏书・夏侯尚传附夏侯玄传》

Для самостоятельного чтения

1. «Мы всегда будем надёжными друзьями и искренними партнёрами» 《永远做可靠朋友和真诚伙伴》

   «Си Цзиньпин о государственном управлении I» стр. 409-420
   《习近平谈治国理政》第一卷，第 303—310 页

2. «Совместное продвижение строительства <Одного пояса – одного пути>»
   《携手推进"一带一路"建设》

   «Си Цзиньпин о государственном управлении II» стр. 726-742
   《习近平谈治国理政》第二卷，第 506—517 页

3. «Претворение стремления народов разных стран мира к прекрасной жизни в реальность» 《把世界各国人民对美好生活的向往变成现实》

   «Си Цзиньпин о государственном управлении III» стр. 639-647
   《习近平谈治国理政》第三卷，第 433—438 页

10
Урок

Уроки истории во имя лучшего будущего

Без Коммунистической партии Китая не было бы Нового Китая и не могло бы быть и речи о великом возрождении китайской нации.

«Решение ЦК КПК по основным достижениям и историческому опыту столетней борьбы партии», принято 6-м пленумом ЦК КПК 19-го созыва 11 ноября 2021 г.

Позиция народа – это коренная политическая позиция марксистской партии. Народ выступает главной движущей силой исторического прогресса. Народ – это настоящий герой, а народные интересы – это главная отправная и опорная точка во всей нашей партийной работе.

Си Цзиньпин, выступление на заседании Политбюро ЦК КПК по проведению критики и самокритики, 26-27 декабря 2016 г.

Вступительное слово

Китайская цивилизация, просуществовав пять тысяч лет, переживала тяжёлый период унижений и потерь вследствие коррумпированного феодального правления и военной интервенции западных держав. Было предпринято много попыток спасти нацию, но все они завершились неудачей. В 1921 году была основана Коммунистическая партия Китая, которая взяла на себя миссию построения успешного общества, возрождения китайской нации. В течение столетия (1921–2021 гг.) китайскому народу под руководством Коммунистической партии титаническими усилиями удалось свернуть «три большие горы» – империализм, феодализм и бюрократический капитализм – и создать Китайскую Народную Республику; благодаря уверенному движению к социализму с китайской спецификой превратить бедную страну во вторую по величине экономику мира. Проделав вековой путь развития, Компартия сегодня находится в расцвете сил и готова к дальнейшей масштабной работе, поскольку Китай стремится к цели окончательного построения современной социалистической державы.

1 июля 2021 г. на площади Тяньаньмэнь в Пекине состоялось торжественное собрание в честь 100-летнего юбилея Компартии Китая. С важной речью в ходе собрания выступил председатель Си Цзиньпин. С поздравлениями выступили представители демократических партий, Всекитайской ассоциации промышленников и коммерсантов, а также беспартийных граждан. В мероприятии приняли участие более 70 тысяч человек – представители различных общественных групп.

Текст, предлагаемый в этом уроке, представляет собой отрывок из речи председателя Си Цзиньпина на торжественном собрании по случаю столетнего юбилея со дня основания Коммунистической партии Китая (1 июля 2021 г.).

Предтекстовые задания

1 **Прочитайте четыре следующих микротекста и расскажите, какие периоды истории столетней борьбы КПК описываются в них.**

Главными задачами партии во время новодемократической революции были противостояние империализму, феодализму и бюрократическому капитализму, борьба за национальную независимость и народное освобождение, создание базовых социальных условий для осуществления великого возрождения китайской нации.

В период социалистической революции и строительства основными задачами партии являлись совершение перехода от новой демократии к социализму, проведение социалистической революции, продвижение социалистического строительства, создание коренной политической предпосылки и институционального фундамента для осуществления великого возрождения китайской нации.

В новый период – период реформ, открытости и социалистической модернизации основными задачами партии являлись продолжение поиска правильного пути строительства социализма в Китае, раскрепощение и развитие производительных сил общества, избавление народа от нищеты и обеспечение скорейшего перехода к зажиточной жизни, создание полных новых жизненных сил систем, гарантирующих осуществление великого возрождения китайской нации, а также материальных условий для динамичного развития.

Главная задача партии в новую эпоху заключается в том, чтобы осуществить цель, намеченную к столетнему юбилею КПК, начать новый поход к реализации цели, намеченной к столетию КНР, продолжать двигаться вперёд к достижению нашей грандиозной цели – реализации великого возрождения китайской нации.

Речь на торжественном собрании по случаю столетнего юбилея со дня основания Коммунистической партии Китая

Товарищи, друзья!

Сегодняшний день является очень важным и торжественным моментом как в истории Коммунистической партии Китая, так и в истории китайской нации. Здесь на торжественном собрании мы вместе со всеми партийными товарищами и многонациональным народом Китая отмечаем столетний юбилей со дня основания Коммунистической партии Китая, вспоминая славный путь борьбы, пройденный ею на протяжении ста лет, устремляя взор в светлое будущее дела великого возрождения китайской нации.

Прежде всего, разрешите от имени ЦК КПК горячо поздравить с праздником всех членов Коммунистической партии Китая!

Позвольте мне с этой трибуны от имени партии и народа торжественно провозгласить: благодаря неустанным усилиям всех партийных товарищей и многонационального народа Китая мы добились цели, приуроченной к столетию Коммунистической партии Китая. На китайской земле было полностью построено среднезажиточное общество, добились исторического разрешения проблемы абсолютной бедности. Мы, преисполненные небывалого энтузиазма, продвигаемся вперёд к цели полного построения модернизированной социалистической державы, намеченной к столетию КНР. Это великая слава китайской нации! Это великая слава китайского народа! Это великая слава Коммунистической партии Китая!

<...>

Со дня своего рождения Коммунистическая партия Китая рассматривала борьбу за счастье китайского народа и возрождение китайской нации как свою изначальную цель и миссию. На протяжении ста лет вся борьба Коммунистической партии Китая, которая сплачивала и вела за собой китайский народ, все жертвы, на которые она пошла, и все её начинания были направлены на достижение одной цели – великого возрождения китайской нации.

– Во имя великого возрождения китайской нации Коммунистическая партия Китая, сплачивая и ведя за собой китайский народ, стойко и упорно сражалась в кровопролитных боях, добилась великих успехов в новодемократической революции. <...>

– Во имя великого возрождения китайской нации Коммунистическая партия Китая, сплачивая и ведя за собой китайский народ в самоотверженной борьбе за могущество Родины, опираясь на собственные силы, добилась великих успехов в деле социалистической революции и строительства. <...>

– Во имя великого возрождения китайской нации Коммунистическая партия Китая, сплачивая и ведя за собой китайский народ, раскрепощала сознание, твёрдо стремилась вперёд, добилась великих успехов в деле реформ, открытости и социалистической модернизации. <...>

– Во имя великого возрождения китайской нации Коммунистическая партия Китая, сплачивая и ведя за собой китайский народ, будучи уверенной в своих силах и неустанно устремлённой вперёд, на основе сохранения традиционных устоев и развития инновационной деятельности, скоординировала усилия по осуществлению великой борьбы, великой программы, великого дела и великой мечты, добилась великих успехов в деле социализма с китайской спецификой в новую эпоху. <...>

<...>

Товарищи, друзья!

Сто лет тому назад китайские коммунисты-первопроходцы основали Коммунистическую партию Китая, сформировали великий дух основания КПК – приверженность истине и идеалам, следование изначальной цели и выполнение возложенной миссии, готовность к самопожертвованию и героической борьбе, преданность партии и стремление оправдать ожидания народа. Это источник духовной силы Коммунистической партии Китая.

На протяжении ста лет Коммунистическая партия Китая развивала великий дух основания партии, в процессе длительной борьбы создала систему духовных ценностей китайских коммунистов, выработала яркие политические качества. История безостановочно движется вперёд, а духовные ценности передаются из поколения в поколение. Мы должны продолжать развивать славные традиции, наследовать революционную кровь, неизменно передавать и развивать великий дух основания КПК!

<...>

Наметить изначальную цель легко, но довести её до конца сложно. Уроки прошлого помогают познать закономерность спадов и подъёмов. Мы должны на основе обобщения исторического опыта постигать реальность и заглядывать в далёкое будущее. Оценивая столетнюю борьбу Коммунистической партии Китая, мы должны ясно понять, в чём кроется наш успех в прошлом и что может гарантировать наш успех в будущем.

Таким образом, в новом походе мы будем более твёрдо и сознательно помнить изначальную цель и возложенную на нас миссию, создавать более светлое будущее.

– Извлекая уроки из истории, открывая будущее, необходимо придерживаться твёрдого руководства со стороны КПК. <...>

<...>

– Извлекая уроки из истории, открывая будущее, необходимо сплачивать китайский народ и вести его за собой в неустанной борьбе за прекрасную жизнь. <...>

<...>

– Извлекая уроки из истории, открывая будущее, необходимо продолжать продвигать китаизацию марксизма. <...>

<...>

– Извлекая уроки из истории, открывая будущее, необходимо продолжать сохранять и развивать социализм с китайской спецификой. <...>

<...>

– Извлекая уроки из истории, открывая будущее, необходимо ускорять модернизацию национальной обороны и армии. <...>

<...>

– Извлекая уроки из истории, открывая будущее, необходимо прилагать неустанные усилия к формированию сообщества единой судьбы человечества. <...>

<...>

– Извлекая уроки из истории, открывая будущее, необходимо вести великую борьбу, имеющую множество новых исторических особенностей. <...>

<...>

– Извлекая уроки из истории, открывая будущее, необходимо

содействовать великому сплочению сынов и дочерей китайской нации. <...>

<...>

– Извлекая уроки из истории, открывая будущее, необходимо непрерывно продвигать партийное строительство как новую великую программу. <...>

<...>

Товарищи, друзья!

Мы должны всесторонне и точно претворять в жизнь курс «одна страна – две системы», ориентированный на высокую степень самоуправления по принципу «Сянганом управляют сами сянганцы», «Аомэнем управляют сами аомэньцы», реализовывать полную юрисдикцию Центра над Сянганским и Аомэньским особыми административными районами, осуществлять правовые системы защиты национальной безопасности в СОАР и АОАР и соответствующие механизмы их применения, охранять суверенитет, безопасность и интересы развития государства, а также социальную стабильность на обеих территориях, поддерживать долгосрочное процветание и стабильность Сянгана и Аомэня.

Решение тайваньского вопроса и полное воссоединение Родины – это историческая задача, к выполнению которой неизменно стремится Коммунистическая партия Китая, это общие чаяния всех сынов и дочерей китайской нации. Необходимо отстаивать принцип единого Китая и «Договорённости 1992 года», активизировать процесс мирного воссоединения Родины. Все сыны и дочери китайской нации, в том числе и соотечественники с обоих берегов, должны, единодушно взаимодействуя и рука об руку продвигаясь вперёд, решительно пресекать любые попытки создания «независимого Тайваня», совместными усилиями открывать светлые перспективы возрождения китайской нации. Никто не должен недооценивать твёрдую решимость, непоколебимую волю и мощный потенциал китайского народа в защите суверенитета и территориальной целостности государства!

<...>

Товарищи, друзья!

Сто лет тому назад, в момент своего основания КПК насчитывала только 50 с лишним членов, а сегодня она уже стала крупнейшей в мире правящей партией с более чем 95 млн членов, которая руководит огромной страной с населением в более чем 1,4 млрд человек и обладает весомым влиянием в мире.

Сто лет тому назад китайская нация предстала перед миром как страна, находившаяся в состоянии полного упадка. А сегодня перед миром стоит нация, которая бурно развивается и неудержимыми шагами идёт по пути к своему великому возрождению.

За истекшие сто лет Коммунистическая партия Китая успешно выполнила миссию, возложенную на неё историей и народом. Теперь она, сплачивая и ведя за собой китайский народ, встала на новый путь осуществления намеченной к столетию КНР цели.

Все члены Коммунистической партии Китая!

ЦК партии призывает вас к тому, чтобы вы крепко помнили о своей изначальной цели и миссии, укрепляли свои идеалы и убеждения, реализовывали предназначение партии, всегда поддерживали кровные связи с народными массами, всегда жили с народом одними думами и вместе с ним трудились, разделяли их радости и невзгоды, продолжали прилагать неустанные усилия для реализации мечты народа о прекрасной жизни и добивались ещё большей славы во имя партии и народа!

Товарищи, друзья!

Коммунистическая партия Китая неизменно посвящает себя вечному великому делу китайской нации. Проделав 100-летний путь развития, КПК сейчас находится в расцвете сил и энергии! Оглядываясь на прошлое и заглядывая в будущее, мы убеждены, что под твёрдым руководством КПК и благодаря тесному сплочению многонационального народа страны, цель полного построения модернизированной социалистической державы обязательно будет достигнута, а китайская мечта о великом возрождении китайской нации непременно сбудется!

Да здравствует великая, славная и верная Коммунистическая партия Китая!

Да здравствует великий, славный и героический китайский народ!

Новые слова

среднезажи́точный 小康的

преиспо́лненный *чего* 充满……的

изнача́льный 最初的

кровопроли́тный 浴血的

новодемократи́ческий 新民主主义的

первопрохо́дец 先驱

приве́рженность 坚信

спад 衰退

юрисди́кция 管治权

воссоедине́ние 统一

пресека́ть несов. // пресе́чь сов. *что* 粉碎

недооце́нивать несов. // недооцени́ть сов. *что* 低估

представа́ть несов. // предста́ть сов. *пе́ред кем-чем* 呈现

неудержи́мый 不可阻挡的

исте́кший 过去的

Работа над текстом

1 В следующей таблице представлен план текста. Заполните пробелы, чтобы его завершить.

Во имя великого возрождения китайской нации Коммунистическая партия Китая,	• сплачивая и ведя за собой китайский народ, стойко и упорно сражалась в кровопролитных боях, _____. • сплачивая и ведя за собой китайский народ в самоотверженной борьбе за могущество Родины, опираясь на собственные силы, _____. • сплачивая и ведя за собой китайский народ, раскрепощала сознание, твёрдо стремилась вперёд, _____. • сплачивая и ведя за собой китайский народ, будучи уверенной в своих силах и неустанно устремлённой вперёд, на основе сохранения традиционных устоев и развития инновационной деятельности, скоординировала усилия по осуществлению великой борьбы, великой программы, великого дела и великой мечты, _____.
Извлекая уроки из истории, открывая будущее, необходимо	• придерживаться _____. • сплачивать _____ и вести _____. • продолжать продвигать _____. • продолжать сохранять и развивать _____. • ускорять _____. • прилагать _____. • вести _____. • содействовать _____. • непрерывно продвигать _____.

2 **Ответьте на следующие вопросы по содержанию текста.**

1. Что изначально рассматривала Коммунистическая партия Китая в качестве своей цели и исторической миссии?

2. Кто, ведя за собой китайский народ, в прошедшем столетии открыл верный путь к великому возрождению китайской нации?

3. Что такое «великий дух основания КПК»?

4. Почему мы должны на основе обобщения исторического опыта постигать современную реальность и заглядывать в далёкое будущее?

5. Какие принципы мы должны точно и в полной мере воплощать в политике по отношению к Сянганскому и Аомэньскому особым административным районам?

6. Какими принципами необходимо руководствоваться для решения тайваньского вопроса и полного воссоединения Родины?

3 **Выполните следующее задание.**

29 июня 2021 года в Пекине, в Доме Народных собраний, состоялась торжественная церемония награждения Орденами Первого июля, приуроченная к столетию КПК. Председатель Си Цзиньпин вручил отличившимся членам партии высшую партийную награду – Орден Первого июля. За «выдающийся вклад в дело партии и народа» этой чести удостоились в общей сложности 29 членов КПК.

Найдите в интернете информацию о подвигах одного из награждённых Орденом и подготовьте небольшое сообщение на 3-5 минут.

Речевые упражнения

Музей истории КПК, Пекин

1 **Переведите следующие словосочетания на русский язык.**

1. 国之大者
2. 反腐败斗争
3. 党的全面领导
4. 赓续红色血脉
5. 中国特色强军之路
6. 党对人民军队的绝对领导
7. 科学执政、民主执政、依法执政

2 **Переведите следующие предложения на китайский язык.**

1. От народной поддержки, оказываемой КПК в качестве прочного руководящего ядра, зависит судьба китайской нации.

2. Центральный комитет партии является её мозгом и стержнем. Он должен обладать неоспоримым авторитетом и решающим голосом.

3. Основной функцией нашей армии является умение воевать, поэтому критерии боеспособности – это основной показатель эффективности армейского строительства.

4. Для создания могущественного государства необходимо укреплять армию, только могучая армия сможет обеспечить спокойствие в стране.

5. Сама история нашей партии началась с первого съезда КПК. И каких бы далей мы ни достигли, нам нельзя забывать ни одного этапа пройденного пути.

6. Формализм и бюрократизм идут вразрез с характером, основными целями и лучшим стилем работы нашей партии, являются серьёзным врагом нашей партии и серьёзным врагом народа.

3 **Прочитайте предложения. Выберите подходящие глаголы и поставьте их в пропуски в нужной форме.**

черпать	донести	претворяться	относиться
сплотить	постигнуть	являться	обеспечивать
помогать	позволять		

1. Отстаивание принципа «партия командует винтовкой» и создание собственной народной армии – это неоспоримая истина, которую _____ КПК в результате суровой, жестокой борьбы.

2. Строгое управление армией на основе закона – это фундамент сильной армии. Следует сохранять строгий стиль и железную дисциплину, _____ высокую централизованность, единство, безопасность и стабильность в войсках.

3. Народная армия, совершившая бессмертные подвиги во имя партии и народа, _____ прочной опорой, защищающей красную власть и национальное достоинство, а также мощной силой обеспечения мира в регионе и во всём мире.

4. Патриотический единый фронт – это важнейшее чудодейственное средство, которое _____ КПК в сплочении сынов и дочерей китайской нации в стране и за её пределами для осуществления великого возрождения китайской нации.

5. Компартия Китая глубоко укоренена в народе, кровно связана с ним и _____ из него свои силы. КПК всегда представляет коренные интересы самых широких слоёв народа, разделяет с ним радость и печаль и живёт с ним одной судьбой.

6. Только тогда, когда у ЦК КПК есть влияние и авторитет, мы сможем консолидировать всю партию и тем самым _____ многонациональный

народ страны, и только тогда мы сможем сформировать великую силу, сплочённую и несокрушимую.

7. Преданность делу партии, в первую очередь, означает, что надо иметь твёрдые убеждения и идеалы. «Четыре сознания» – это вовсе не пустой лозунг. Нельзя ограничиваться пустыми заверениями, слова должны _____ в реальные действия.

8. Орудийные залпы Октябрьской революции _____ до Китая марксизм-ленинизм. В ходе великого пробуждения китайского народа и китайской нации, в процессе соединения марксизма-ленинизма с китайским рабочим движением родилась Коммунистическая партия Китая.

9. Коммунистическая партия Китая и китайский народ своей мужественной и упорной борьбой торжественно объявили миру: реформы и открытость – это ключевой шаг, который определяет перспективы и судьбу современного Китая и _____ ему широкой поступью догонять эпоху!

10. Мы должны быть полны решимости совершать великие дела, а не ставить себе целью лишь стать высокопоставленным чиновником. Необходимо сохранять спокойное настроение, спокойно _____ к изменению своего должностного положения, старательно и с полной отдачей работать во благо партии и народа.

Дополнительное чтение

Составьте сжатое изложение по содержанию текста и озаглавьте его. (не менее 120 слов)

Музей VI съезда КПК имеет особую значимость для изучения истории китайской революции, он также является важным символом глубокой дружбы китайского и российского народов. Здание ранее входило в состав дворянского имения с красивым названием «Серебряная усадьба». После Второй мировой войны из-за долгого отсутствия ремонта и двух пожаров особняк пришёл в плачевное состояние.

Хорошо понимая историческую ценность здания, руководство Компартии Китая сочло необходимым сохранить и реставрировать его. В марте 2010 г., будучи заместителем председателя КНР, Си Цзиньпин прибыл с визитом в Россию, где встретился с Владимиром Путиным, занимавшим в то время пост премьер-министра, и предложил превратить место проведения VI съезда КПК в музей. Это предложение получило горячую поддержку российской стороны.

В марте 2013 г. Си Цзиньпин впервые совершил визит в Россию в качестве председателя КНР. Председатель Си Цзиньпин и президент России Владимир Путин стали свидетелями подписания Дополнительного протокола к Соглашению между Правительством Китайской Народной Республики и Правительством Российской Федерации о взаимном учреждении культурных центров. В этом протоколе обе стороны подтвердили намерение реставрировать здание, в котором проводился VI съезд КПК, и далее использовать его в качестве музейного филиала Китайского культурного центра в Москве. Предусматривалась организация постоянной экспозиции, рассказывающей китайской и российской общественности о VI съезде КПК. Было также принято решение, что вход в музей должен быть бесплатным.

Благодаря совместным усилиям сторон и энергичной поддержке проекта лидерами Китая и России 4 июля 2016 г. Музей VI съезда Коммунистической партии Китая был официально открыт для посетителей.

В настоящее время Музей VI съезда КПК представляет единственную за рубежами Китая экспозицию, посвящённую истории нашей партии. Музей стал не только важной зарубежной базой изучения и преподавания истории КПК, но и центром продвижения китайской культуры, поддержки различных обменов между народами Китая и России.

Приходя в музей, люди оглядываются на прошлое с высоты сегодняшнего дня, вспоминают павших борцов и обретают нравственные силы, знакомясь с героическим революционным наследием. Место проведения VI съезда Коммунистической партии Китая – символ не только исторической памяти, но и крепкой дружбы между Китаем и Россией, как в истории, так и в современности.

Китай:
история
успеха

Выполните следующую работу в группах.

1. В новую эпоху Китай добился выдающихся результатов в таких областях, как пилотируемые космические полёты, высокоскоростные железнодорожные перевозки, мобильная связь формата 5G, новые технологии в энергетике. Китаю удалось обеспечить окончательную победу над бедностью. Выберите один из них, найдите соответствующие иллюстративные данные и напишите по этой теме сочинение. (не менее 150 слов)

2. Подготовьте 5-8-минутную групповую презентацию материалов, связанных с выбранной вами темой.

Китайская мудрость

Запомните следующее высказывание. Подумайте, какое актуальное значение оно имеет в наше время.

为有牺牲多壮志，敢教日月换新天。

Беззаветная самоотверженность ради великих идеалов и бесстрашная доблесть в построении нового мира.

——毛泽东《七律·到韶山》

Для самостоятельного чтения

1. «Продолжать продвигать дело создания мощных вооружённых сил» 《把强军事业不断推向前进》
   «Си Цзиньпин о государственном управлении II» стр. 598-604
   《习近平谈治国理政》第二卷，第 415—419 页

2. «Необходимо всесторонне усилить партийное руководство и партийное строительство в народной армии в новую эпоху» 《全面加强新时代人民军队党的领导和党的建设工作》
   «Си Цзиньпин о государственном управлении III» стр. 571-576
   《习近平谈治国理政》第三卷，第 383—386 页

3. «Надо вновь двинуться в путь, строго придерживаясь всестороннего и строгого управления партией» 《重整行装再出发，以永远在路上的执着把全面从严治党引向深入》
   «Си Цзиньпин о государственном управлении III» стр. 741-759
   《习近平谈治国理政》第三卷，第 504—514 页

Послесловие

后　记

　　"理解当代中国"系列教材是中央宣传部、教育部联合开展的《习近平谈治国理政》多语种版本进高校、进教材、进课堂工作的重要成果。

　　本系列教材编写出版工作得到中央宣传部、教育部领导的亲切关怀和悉心指导，得到中央有关部门和相关单位的支持和帮助。中央宣传部国际传播局、教育部高等教育司给予具体指导。中共中央对外联络部、外交部、中央党史和文献研究院、新华社、人民日报社、中国日报社等相关部门领导和专家共同研究教材编写方案。中国外文局、外文出版社提供《习近平谈治国理政》版权并推荐审定稿专家协助把关。教育部高等学校外国语言文学类专业教学指导委员会各分指委主任委员蒋洪新、贾文键、曹德明、常福良、罗林，各分指委副主任委员、委员，意大利语、葡萄牙语和国际中文等专业有关专家共201位，参与教材样书的审议并提出修改意见。中共中央党校韩庆祥，中国社会科学院龚云，中国人民大学秦宣，中央党史和文献研究院卿学民、王刚，人民日报社杨凯，北京大学陈文旭，北京外国语大学韩强，北京第二外国语学院庄文城等专家学者从思政角度审读了样书，并就有关问题提供咨询指导。

　　本系列教材的编写与研究经全国哲学社会科学工作领导小组批准，被立为2021年度国家社会科学基金重大委托项目（批准号为：21@ZH043）。课题组首席专家为北京外国语大学党委书记王定华，负责全面统筹指导教材编审、研发、出版、使用等全过程各环节，核心成员为每个语种系列教材的总主编。课题组坚持编研结合、以研促编，深入探究如何更好实现习近平新时代中国特色社会主义思想从理论体系向教材体系、从教材体系向教学体系、从教学体系向学生的知识体系和价值体系的转化，创新教材呈现方式和话语体系，为确保教材的科学性、前沿性、时代性、适宜性提供了方向指引和有力支撑。

　　本系列教材由北京外国语大学牵头成立工作组，全面负责组织协调、推动实施和支持保障工作。工作组组长为北京外国语大学党委副书记、校长杨丹，副组长为北京外国语大学孙有中，成员有北京外国语大学张文超、王芳、常小玲，北京大学宁琦，北京语言大学魏晖，北京第二外国语学院程维，天津外国语大学李迎迎，大连外国语大学刘宏，上海外国语大学张静，南京大学王志林，广东外语外贸大学焦方太，四川外国语大学严功军，西安外国语大学姜亚军等。北京外国语大学教材处和外语教学与研究出版社承担秘书处工作。

本系列教材编写团队由251位专家构成，涉及50所高校及相关机构。孙有中承担本系列教材的编写统筹并主持英语系列教材编写工作，刘宏主持俄语系列，孔德明主持德语系列，郑立华主持法语系列，于漫主持西班牙语系列，张洪仪主持阿拉伯语系列，修刚主持日语系列，董洪川、陈英、文铮主持意大利语系列，姜亚军、徐亦行主持葡萄牙语系列，王丹主持韩国语系列，刘利主持国际中文系列。

本系列教材课文选篇主要来自《习近平谈治国理政》多语种版本的核心内容，并及时吸收《中共中央关于党的百年奋斗重大成就和历史经验的决议》、习近平总书记《在庆祝中国共产党成立100周年大会上的讲话》等党的最新理论成果。教学设计上注重理论体系向教材体系的有机转化，致力于价值塑造、知识传授和能力培养的有机统一，为我国高校外语类专业培养能够理解当代中国、讲好中国故事的高素质国际化外语人才提供有力支撑。由于能力所限，书中不当、不周之处恐难避免。恳请广大师生不吝指正，以使本系列教材得以完善。

"'理解当代中国'系列教材编写与研究"课题组
2022年6月